Eugen Gehrer

Musik mit dem TI-99/4A

W0263265

Anwendungen von Mikrocomputern

Digitale Regelung mit Mikroprozessoren
von Norbert Hoffmann

Wahrscheinlichkeitsrechnung, Statistik
von Dietmar Herrmann

Mathematische Routinen VC-20 Elektrotechnik/Elektronik
von Ernst-Friedrich Reinking

Numerische Mathematik
von Dietmar Herrmann

Textverarbeitung
von A. Tölke

Spaß mit Algorithmen
von J. Weilharter

Spielprogramme für den Apple IIe
von H. Franklin, J. Koltnow, L. Finkel

Musik mit dem TI-99/4A
von Eugen Gehrer

Vieweg

Eugen Gehrer

Musik mit dem TI-99/4A

Klangerzeugung und Syntheseprogramme

Herausgegeben von Harald Schumny

Springer Fachmedien Wiesbaden GmbH

Das in diesem Buch enthaltene Programm-Material ist mit keiner Verpflichtung oder Garantie irgendeiner Art verbunden. Der Autor übernimmt infolgedessen keine Verantwortung und wird keine daraus folgende oder sonstige Haftung übernehmen, die auf irgendeine Art aus der Bedeutung dieses Programm-Materials oder Teilen davon entsteht.

1984
Alle Rechte vorbehalten
© Springer Fachmedien Wiesbaden 1984
Ursprünglich erschienen bei Friedr. Vieweg & Sohn Verlagsgesellschaft mbH, Braunschweig 1984

Die Vervielfältigung und Übertragung einzelner Textabschnitte, Zeichnungen oder Bilder, auch für Zwecke der Unterrichtsgestaltung, gestattet das Urheberrecht nur, wenn sie mit dem Verlag vorher vereinbart wurden. Im Einzelfall muß über die Zahlung einer Gebühr für die Nutzung fremden geistigen Eigentums entschieden werden. Das gilt für die Vervielfältigung durch alle Verfahren einschließlich Speicherung und jede Übertragung auf Papier, Transparente, Filme, Bänder, Platten und andere Medien.

Umschlaggestaltung: Peter Lenz, Wiesbaden
Satz: Vieweg, Braunschweig

ISBN 978-3-528-04277-6   ISBN 978-3-663-14011-5 (eBook)
DOI 10.1007/978-3-663-14011-5

Vorwort

Die Ausbreitung des Computers ist auf keinem Gebiet mehr aufzuhalten. Während er früher nur eine seelenlose Rechenmaschine war („Blechtrottel"), wird er heute durch die anwenderfreundlichen Dialogsprachen ein immer sympathischeres Werkzeug der allgemeinen Informationsverarbeitung und findet dadurch nicht zuletzt auch Eingang in den musischen Bereich, wie z. B.: der Graphik oder der Musik. Beinahe jeder moderne Homecomputer besitzt schon einen oder mehrere Tongeneratoren, so daß der Computermusik a la "Do it yourself" nichts mehr im Wege steht.

Obwohl es viele Möglichkeiten gibt, den Computer als Hilfsmittel zur Musikerzeugung zu verwenden, wollen wir uns hier in diesem Buch auf die Beschreibung der Mittel und Möglichkeiten beschränken, die ein Homecomputer ohne externe Zusätze bietet. Die zugrundeliegende Programmiersprache ist BASIC. Da die Sprachelemente, die sich auf die Aktivierung des Tongenerators des Computers beziehen, noch nicht normiert wurden, war es notwendig, diese Anweisungen im Dialekt eines bestimmten Computertyps zu beschreiben. Im vorliegenden Fall handelt es sich um den Computer TI-99/4A, der mit drei Ton- und einem Rauschgenerator über eines der umfassendsten derzeit erhältlichen Tonerzeugungssysteme verfügt. Diesbezügliche Anpassungen der Programme an andere Computertypen sind jedoch, ohne daß sich am grundsätzlichen Verlauf der Programme etwas ändert, möglich.

Zum Verständnis dieses Buches werden vom Leser lediglich Grundkenntnisse in der Programmiersprache BASIC vorausgesetzt.

Es sollen im folgenden die Probleme und Problemlösungen erläutert werden, die beim Musizieren mittels Computer auftreten. In den drei Kapiteln: Klangsyntheseprogramm, Melodieeingabeprogramm und Melodieabspielprogramm werden im Text zunächst die Problemstellungen erläutert. Anschließend werden zum Teil im Text, zum Großteil jedoch in den übersichtlicheren Programmablaufplänen die Lösungswege aufgezeigt. Die Auflistung eines durchgetesteten Programms zum Schluß eines jeden Kapitels ermöglicht zum einen das Nachlesen von konkreten Details der Programmrealisierung und zum anderen auch die direkte Anwendung dieses Programms im Computer des Lesers.

Eugen Gehrer

Innsbruck, im Oktober 1983

Inhaltsverzeichnis

1 Tonerzeugung mit dem Computer

Im Dialekt des TI-99/4A ist der Tongenerator durch eines der vier folgenden Statements aktivierbar:

CALL SOUND (Dauer, Frequenz, Lautstärke)
CALL SOUND (Dauer, Frequenz 1, Lautstärke 1, Frequenz 2, Lautstärke 2)
CALL SOUND (Dauer, Frequenz 1, Lautstärke 1, Frequenz 2, Lautstärke 2,
            Frequenz 3, Lautstärke 3)
CALL SOUND (Dauer, Frequenz 1, Lautstärke 1, Frequenz 2, Lautstärke 2,
            Frequenz 3, Lautstärke 3, Frequenz 4, Lautstärke 4)

1.1 Tondauer

Die Dauer des Tones wird in ganzen Zahlen von 1 bis 4250 angegeben. Der eingegebene Wert entspricht ungefähr der Tonlänge in Millisekunden (ms). Die tatsächlich vom Computer erzeugte Tonlänge kann jedoch um ca. 1/60-tel Sekunde vom eingegebenen Wert abweichen. Der Aufruf und die Durchführung einer CALL-SOUND-Anweisung benötigt folgende Mindestzeiten:

    bei 1 Frequenz   1/13-tel Sekunde (0,0775 s)
    bei 2 Frequenzen 1/9,5-tel Sekunde (0,105 s)
    bei 3 Frequenzen   1/8-tel Sekunde (0,125 s)
    bei 4 Frequenzen 1/6,9-tel Sekunde (0,145 s)

Man kann daher maximal 13 (9,5; 8; 6,9) Tonkorrekturen pro Sekunde vornehmen, wenn die CALL-SOUND-Anweisung 1 (2, 3, 4) Frequenzangaben enthält.

Das Programm läuft weiter, während der Ton gespielt wird. Wenn man für die Tondauer eine positive Zahl (ohne Vorzeichen) eingibt, so wird bei zwei aufeinanderfolgenden CALL-SOUND-Anweisungen zuerst der erste Ton in der vollen, angegebenen Tonlänge gespielt und dann kommt der nächste Ton an die Reihe. Enthält das zweite CALL-SOUND-Statement eine negative Tondauerangabe, so wird der erste Ton nach dem Lesen der zweiten Anweisung (also nach der oben angeführten Mindestzeit) abgebrochen und nahtlos durch den zweiten Ton ersetzt. Bei einer Folge von CALL-SOUND-Anweisungen mit negativer Tondauer erfolgt nach jeder Mindestzeit eine Korrektur des Klanges.

1.2 Frequenz

Für die Frequenzen können ganze Zahlen von 110 bis 44733 eingegeben werden. Nicht ganze Zahlen werden gerundet. Die eingegebenen Werte haben die Einheit *Hertz* (Hz: Schwingungen pro Sekunde). Die tatsächlich erzeugte Frequenz hängt von der digitalen Auflösung des Tongenerators ab. Sie kann, besonders bei hohen Frequenzen, bis zu 10 % vom eingegebenen Wert abweichen. Die Frequenzen der tiefen Töne stimmen jedoch mit den eingegebenen Werten sehr gut überein.

1.3 Rauschen

Gibt man anstelle der Frequenz einen negativen Wert zwischen -1 und -8 ein, so entsteht kein Ton, sondern ein Rauschen, das zur Erzeugung von bestimmten Klangeffekten verwendet werden kann. Bei der Eingabe der Werte -1, -2 und -3 entsteht ein periodisches Geräusch (*Noise*) mit fester Frequenz. Die Klanghöhe des Tonsignals nimmt dabei von 1 nach 3 hin ab. Bei -4 entsteht ein Ton, dessen Höhe mit der Frequenz des dritten eingegebenen Tones (sofern vorhanden) zunimmt. Die Werte -5, -6 und -7 führen zu einem weißen Rauschen mit in dieser Reihenfolge abnehmender, jedoch ansonsten konstanter Klanghöhe. Bei -8 entsteht ein weißes Rauschen, dessen Klanghöhe proportional zur Frequenz des dritten Tones ansteigt. (Wenn man keine dritte Tonfrequenz angibt, entsteht nur ein tiefes Rattern.)

1.4 Lautstärke

Für die Festlegung der Lautstärke können Werte von 0 bis 30 eingegeben werden. Die Werte werden auf ganze Zahlen gerundet. Die Lautstärke nimmt mit der Höhe der Werte ab. 0 und 1 klingen gleich laut. Im Bereich zwischen 1 und 29 ist die Amplitude des Tones ungefähr umgekehrt proportional zum eingegebenen Wert. Durch den Wert 30 wird der Ton fast gänzlich abgestellt.

Indirekte Eingabe der Werte

Für die Dauer, die Frequenz und die Lautstärke können in den CALL-SOUND-Statements auch numerische Ausdrücke eingesetzt werden. Diese Ausdrücke werden vor der Durchführung des CALL-SOUND-Statements berechnet; die Resultate werden gerundet und eingesetzt.

2 Klangsyntheseprogramm

Die drei Tongeneratoren des Computers können grundsätzlich auf zwei verschiedenen Wegen zur Musikerzeugung beitragen:

1. Man kann jeden der drei Tongeneratoren eine eigene Melodie (erste und zweite Stimme und Begleitung) spielen lassen und dadurch ein von drei gleichartigen Instrumenten gebildetes „Trio" nachahmen. Der „Sound" eines derartigen Instrumentes entspricht einer einfachen, unmodulierten Rechteckschwingung eines Synthesizers (klingt matt, hornartig) und läßt daher sehr zu wünschen übrig.
2. Es ist auch möglich, die drei Tongeneratoren harmonisch so aufeinander abzustimmen, daß sie zwar nur eine einzige Melodie spielen, dafür aber durch die verschiedenen Möglichkeiten des Zusammenklangs den Weg zur Synthese einer beinahe unüberschaubaren Menge von Klangfarben eröffnen.

Wir wollen uns in diesem Kapitel darauf konzentrieren ein Klangsyntheseprogramm zu entwickeln, das dem Programmanwender die Konstruktion von Klangregistern ermöglicht. Es soll dabei ein Ein-/Ausgabedialog, basierend auf den Begriffen der Synthesizertechnik, geführt werden. Die anschaulich formulierten Eingabewerte (Schwebungsfrequenz, Amplitude, Tastverhältnis, Tremolotiefe usw.) werden in Daten umgerechnet, die beim Aufrufen eines bestimmten Registers in das klangerzeugende und die Melodie abspielende CALL-SOUND-Statement eingesetzt werden und so den gewünschten „Sound" erzeugen.

2.1 Klangschleifen

Es lassen sich in der Musik zwei Tontypen unterscheiden: a) konstante und b) variable Töne. Konstante Töne werden von Instrumenten erzeugt, die kontinuierlich zur Schwingung angeregt werden, z.B.: Blasinstrumente, Orgel und Akkordeon. Sie besitzen, wenn man von kurzen Ein- und Ausschwingvorgängen absieht, während der gesamten Dauer des Tones eine konstante Amplitude (*Lautstärke*) und ein konstantes Oberwellenspektrum (*Klangfarbe*). Variable Töne werden hingegen von Instrumenten erzeugt, die ihr schwingendes System ruckartig (schlagend, zupfend) anregen und anschließend ausschwingen lassen, z.B.: Klavier, Gitarre, Vibraphon, Trommel etc. Diese Töne erreichen kurz nach dem Anschlagen ihre maximale Lautstärke und klingen dann mehr oder weniger schnell ab. Auch ihre Klangfarbe (Oberwellenspektrum) ändert sich während des Tonverlaufes.

Aus diesen Gründen sollen auch hier zwei Klangschleifentypen, je eine für konstante und variable Töne, verwendet werden (vgl. **Flußdiagramm 2.1**).

Flußdiagramm 2.1

Übersicht: Klangsyntheseprogramm

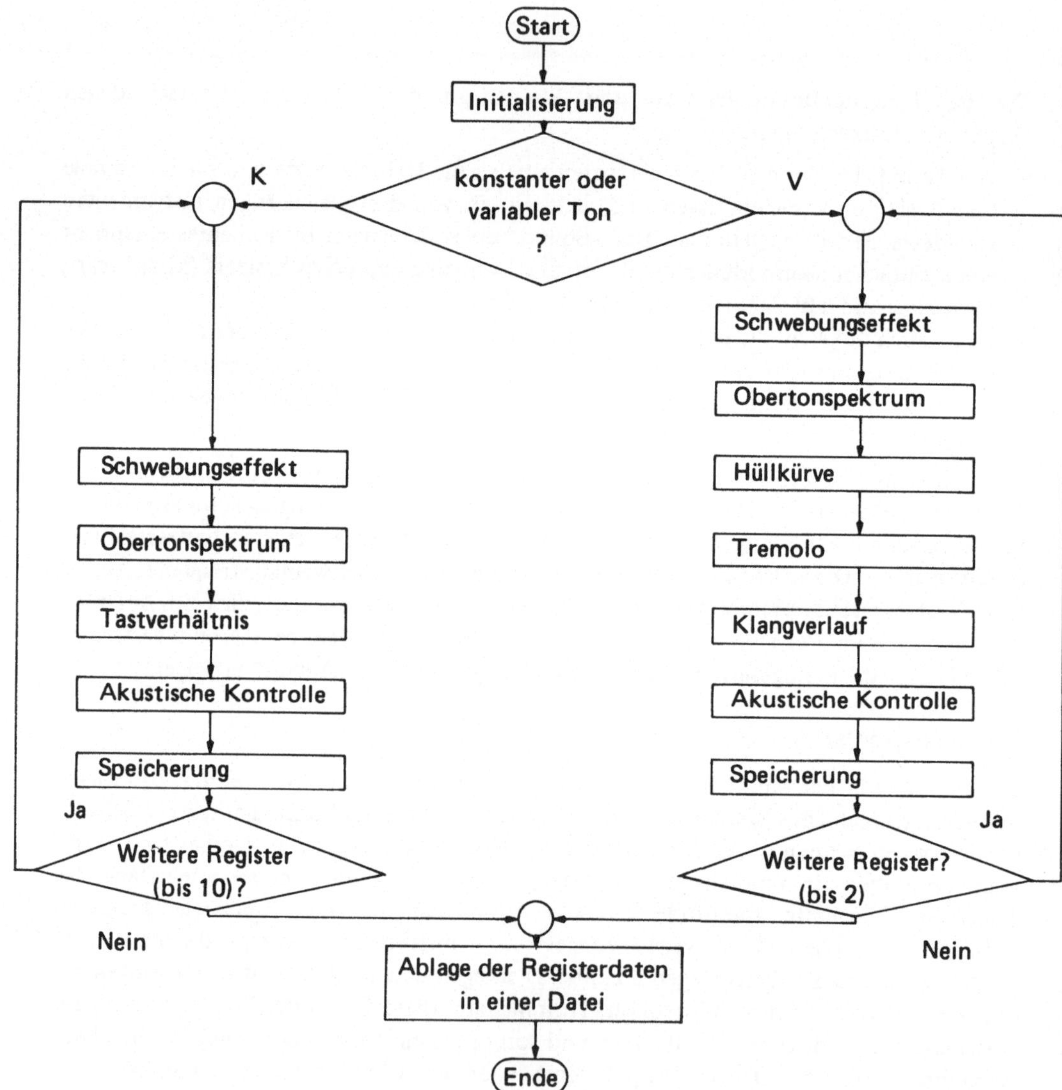

2.2 Konstante Töne

Ein konstanter Ton kann durch das folgende, allgemein formulierte Statement erzeugt werden:

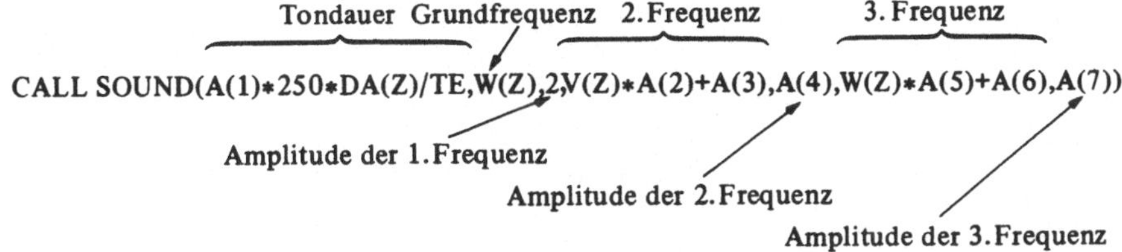

Zum Abspielen einer Melodie wird ein derartig formuliertes CALL-SOUND-Statement in eine Klangschleife eingebaut, welche (in groben Zügen) folgende Struktur hat:

```
FOR Z=1 TO GR
CALL SOUND (...)
NEXT Z
```

Dabei ist Z die Tonzählernummer und GR die Nummer des letzten Tones. Die Informationen über den Melodieverlauf werden so gespeichert, daß man die Werte für die Tonlänge DA(Z) und die Grundfrequenzen W(Z), V(Z) der in einer Melodie aufeinanderfolgenden Töne in den Feldern DA(Z), W(Z) und V(Z) ablegt. Beim Abspielen der Melodie werden dann einfach die Werte für die Tonlänge und die Grundfrequenz des Z-ten Tones in das CALL-SOUND-Statement der Klangschleife eingelesen. Diese Werten werden dann noch durch die sieben Klangparameter A(X) modifiziert, bevor die CALL-SOUND-Anweisung den Z-ten Ton der Melodie im Klang des durch die sieben Parameter charakterisierten Registers abspielen läßt.

Die Aufgabe des Klangsyntheseprogramms ist es nun, diese sieben Klangparameter aus den eingegebenen Klangwünschen des Programmanwenders zu ermitteln und unter einem bestimmten Registernamen zu speichern.

Die Eingabe der Daten (in anschaulicher Form) für die Tondauer- und Grundfrequenzlisten der Melodie ist die Aufgabe des später folgenden Melodieeingabeprogramms (Kapitel 3).

Die Melodieabspielprogramme (Kapitel 4 und 5) verknüpfen schließlich die Registerdaten mit den Melodiedaten und lassen das Musikstück im gewünschten Klang und Tempo erklingen.

2.2.1 Tondauer von konstanten Tönen

Die Tondauer hängt von drei Faktoren ab:

1. *Tonlänge*. Die Variable DA(Z) enthält die Angabe über die Tonlänge. Je nachdem ob es sich um eine achtel, viertel, halbe oder ganze Note handelt, ist dies ein Wert von 2, 4, 8 oder 16 (siehe Melodieeingabeprogramm).

2. *Tempo*. Um die Melodie mit verschiedenen Geschwindigkeiten abspielen zu können, ist eine Division durch einen Tempofaktor TE vorgesehen, der die Anzahl der Anschläge einer Viertelnote pro Sekunde angibt. Er wird erst im Melodieabspielprogramm eingegeben.

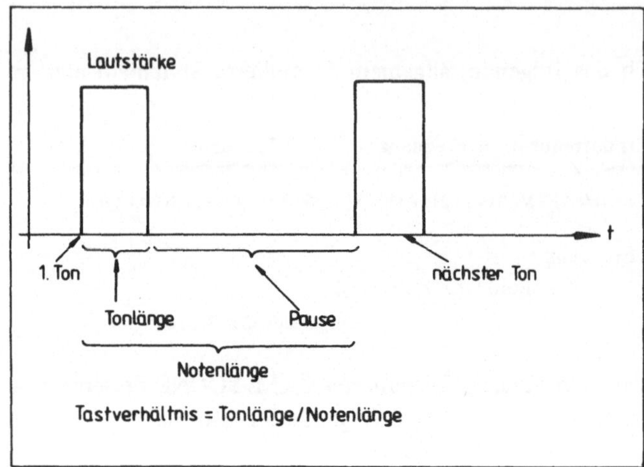

Bild 1
Das Tastverhältnis ist das Verhältnis der Tonlänge zur Notenlänge. Es hat einen Einfluß auf die Härte des Klanges.

3. *Tastverhältnis*. Der einzige Faktor, der über die Tondauer klangprägend wirkt und daher in diesem Klangsyntheseprogramm eingegeben wird, ist der Faktor A(1), der das Tastverhältnis bestimmt. Unter dem Tastverhältnis versteht man das Verhältnis der Tonlänge zur Notenlänge (siehe **Bild 1**).

Das Tastverhältnis prägt die „Schärfe" des Tones. Je kürzer der Ton wird (kleineres Tastverhältnis), desto härter und schärfer klingt der Ton. A(1) können (im vorliegenden Programm) Werte zwischen 0.05 und 1 zugeordnet werden. Der Tastverhältniseffekt wird in der Klangschleife des Melodieabspielprogramms dadurch erzeugt, daß während des A(1)-ten Anteils der Notenlänge der Ton gespielt und anschließend für die Dauer des (1-A(1))-ten Teiles der Notenlänge eine Pause erzeugt wird (siehe Melodieabspielprogramm für konstante Töne, Kapitel 4).

2.2.2 Frequenzbelegung

Grundfrequenz. Die Grundfrequenz (1. Frequenz) wird unmittelbar durch den Wert W(Z) bestimmt (siehe Melodieeingabeprogramm, Kapitel 3).

Amplitude der Grundfrequenz. Der Amplitude der 1. Frequenz wird ein fixer Wert (2) zugeordnet. Die Grundfrequenz ist die Bezugswelle, auf die die übrigen Schwingungen abgestimmt werden.

2. und 3. Frequenz. Wenn mehrere Töne gleichzeitig gespielt werden, so klingt die Tonsumme nur dann harmonisch, wenn die Frequenzen der verschiedenen Töne in einem bestimmten Verhältnis zueinander stehen. Bezogen auf den Grundton sollten die übrigen Töne eines Dreiklangs Frequenzen besitzen, die einem ganzzahligen Vielfachen (2, 3, 4, 5 etc.) oder einem ganzzahligen Vielfachen dividiert durch eine Potenz von 2 (3/2 = 1,5, 5/4 = 1,25 etc.) entsprechen.

Töne, deren Frequenz ein ganzzahliges Vielfaches der Grundschwingung ist, können in erster Näherung als Obertöne des Grundtones betrachtet werden. Es muß dabei jedoch berücksichtigt werden, daß der Tongenerator des Computers Rechteckschwingungen erzeugt, die ihrerseits das mit **Bild 2** gezeigte Frequenzspektrum aufweisen. Das heißt, wenn

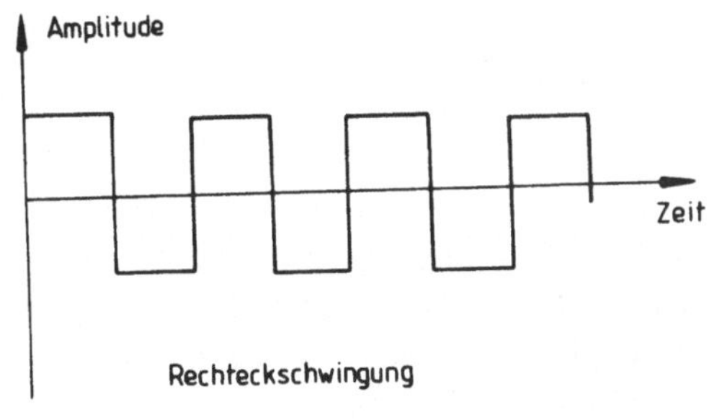

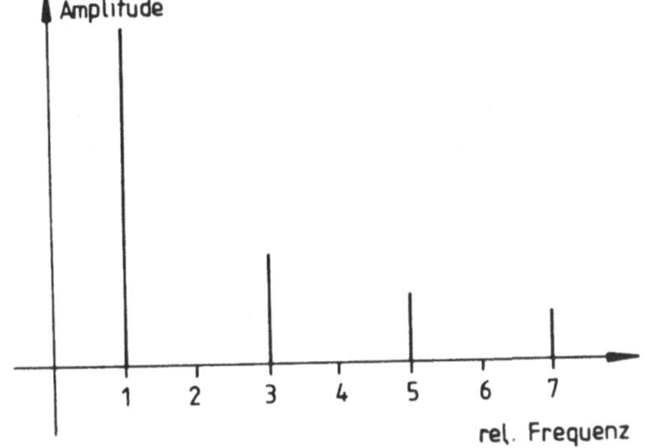

Bild 2
Die Tongeneratoren des Computers erzeugen Rechteckschwingungen. Diese enthalten in ihrem Obertonspektrum alle ungeradzahligen Obertonschwingungen mit proportional zur Frequenz abnehmenden Amplituden.

man eine Rechteckschwingung durch eine Fourieranalyse (mathematische Operation) in reine Sinusschwingungen (Schwingung eines ideal harmonischen Oszillators) zerlegt, so erkennt man, daß eine Rechteckschwingung aus einer Summe von Sinusschwingungen besteht, deren Frequenzen ein ungeradzahliges Vielfaches (1, 2, 5, 7 etc.) der Grundschwingung sind und deren Amplituden umgekehrt proportional zur Frequenz abnehmen. Mischt man daher zur Grundschwingung (sie besteht schon aus der 1., 3., 5. etc. Harmonischen) eine Rechteckschwingung mit z.B. der 4fachen Grundfrequenz, so mischt man nicht nur den 4. Oberton, sondern (im geringeren Ausmaß) auch den 12. und 20. etc. Oberton hinzu. Da die Amplitude der höheren Obertöne rasch abnimmt, wird ihr klanglicher Einfluß aber auch geringer.

Dividiert man eine Frequenz durch 2^n, so wird die Tonhöhe um n Oktaven nach unten verschoben. Töne, deren Frequenzen ein ganzzahliges Vielfaches dividiert durch 2^n der Grundfrequenz betragen, stellen daher um n Oktaven nach unten verschobene Obertöne dar. Ihr Zusammenklang mit dem Grundton ist ebenfalls harmonisch. Ein eindrucksvolles Beispiel dafür bietet der Dur-Dreiklang, der sich aus den relativen Frequenzen 1, 1,25 und 1,5 zusammensetzt.

Abstimmung der Töne. In der Praxis ist die Abstimmung des 2. und 3. Tones auf den Grundton recht einfach. Man multipliziert die Grundfrequenz W(Z) mit einem Faktor A(2) bzw. A(5), der die gewünschte relative Frequenz angibt und erhält so die Frequenz des 2. bzw. 3. Tones. (Siehe angeführtes CALL-SOUND-Statement. Anmerkung dazu: V(Z) wird beim Melodieabspielprogramm gleich W(Z) gesetzt, sofern keine Begleitmelodie gespielt werden soll.)

2.2.3 Schwebungseffekt

Überlagert man zwei Sinusschwingungen, die sich nur geringfügig in ihrer Frequenz unterscheiden, so entsteht eine Schwebungsschwingung, d.h. eine Schwingung, deren Frequenz gleich dem Mittelwert der Frequenzen der Ausgangsschwingungen ist und deren Amplitude sinusförmig mit der halben Differenzfrequenz schwankt (**Bild 3**). Das Resultat ist eine amplitudenmodulierte Sinusschwingung.

Nur wenn die Amplituden der Ausgangsschwingungen gleich groß sind, wird die Schwebungsschwingung bis auf den Wert Null durchmoduliert. Ist eine der beiden Schwingungen kleiner, so wird die Schwebungstiefe (Tiefe der Modulation) geringer gemäß der in **Bild 4** angegebenen Formel.

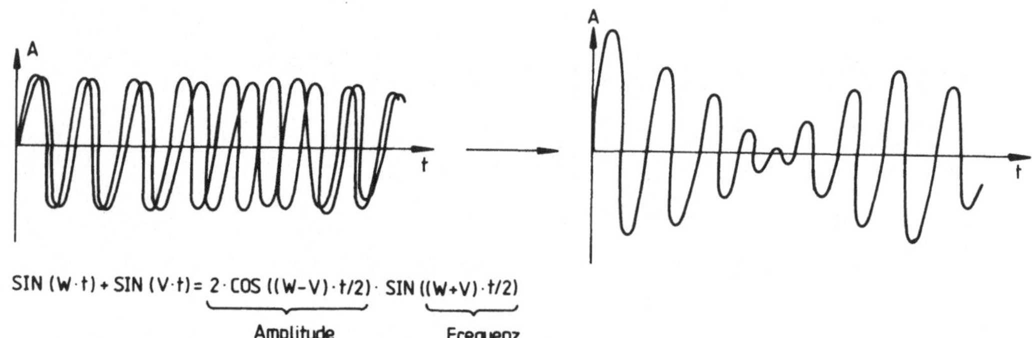

Bild 3 Durch die Überlagerung zweier Sinusschwingungen mit ähnlicher Frequenz entsteht eine schwebende, d.h. amplitudenmodulierte Sinusschwingung.

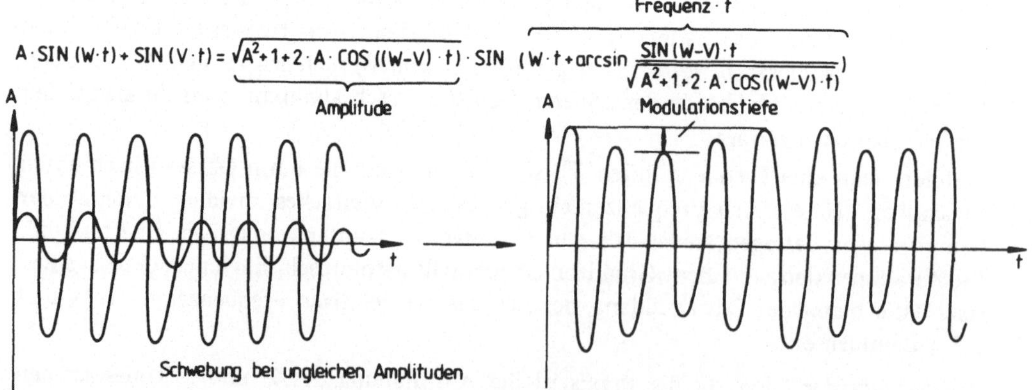

Bild 4 Die Modulationstiefe der Schwebungsschwingung hängt von den relativen Amplituden der Ausgangsschwingungen ab. Sie ist um so größer, je ähnlicher sich diese Amplituden sind.

Wenn man nun anstelle zweier Sinusschwingungen zwei Rechteckschwingungen miteinander überlagert, so kommt es nicht nur bei der Grundschwingung, sondern auch bei den Obertönen (die in einer Rechteckschwingung im Gegensatz zu einer Sinusschwingung enthalten sind) zu einer Schwebung. Da die Schwebungsfrequenz der einzelnen Obertöne unterschiedlich ist (sie steigt proportional zur Obertonfrequenz an), ändert sich dabei nicht nur die Amplitude der Gesamtwelle, sondern auch das Oberwellenspektrum (d.h. das Verhältnis der Amplituden der Obertöne) ständig, was zu einem fülligen, chorartigen Klangfarbenspiel führt. Die Schwebung von Rechteckschwingungen ist der eindrucksvollste Klangeffekt, den man aus dem Computer herausholen kann.

Wenn man nicht nur zwei, sondern gleich drei Wellen mit ähnlicher Frequenz miteinander überlagert, so kommt es nicht nur zu einer Amplitudenmodulation, sondern darüber hinaus noch zu einer Frequenzmodulation der einzelnen Harmonischen. Das Resultat ist ein voller, singender Sound.

Praktische Erzeugung des Schwebungseffekts. Auch die Erzeugung des Schwebungseffektes läßt sich mit dem allgemeinen CALL-SOUND-Statement leicht durchführen. Man setzt die Faktoren für die relativen Frequenzen (A(2) bzw. A(3)) gleich 1 und addiert dafür eine Konstante (A(3) bzw. A(6)) hinzu. Da sich dadurch die 2. bzw. 3. Frequenz stets um einen kleinen, jedoch konstanten Betrag von der Grundfrequenz unterscheidet, kommt es zu einer Schwebung mit der Schwebungsfrequenz A(3)/2 bzw. A(6)/2. Die Tiefe der Schwebungsmodulation hängt von der Differenz der Amplituden der Töne ab.

2.2.4 Obertonspektrum

In den natürlichen Klängen kommen in der Regel alle Obertöne vor. Der klangliche Unterschied zwischen den einzelnen Musikinstrumenten (Flöte, Geige, Orgel etc.) entsteht in erster Näherung lediglich durch die unterschiedliche Intensität der einzelnen Obertöne. Als Faustregel kann man davon ausgehen, daß bei geringer Intensität der Obertöne der Klang ruhig ist (Flöte), während eine hohe Obertonintensität zu hellen, scharfen Klängen führt (Trompete).

Der Computer ermöglicht die Einstellung der Lautstärke (Amplitude) der einzelnen Töne in 30 Stufen. Von der ersten bis zur 29. Stufennummer ist die Amplitude ungefähr gleich dem Kehrwert der Stufennummer. Die 30. Stufe schaltet den Ton praktisch gänzlich aus.

Da man der Grundschwingung einen fixen Amplitudenwert zugeordnet hat (Parameter = 2, siehe vorne), bestimmt man das Obertonspektrum im wesentlichen durch die Eingabe der relativen Amplituden (bezogen auf die Grundschwingung) der 2. und 3. Schwingung. Die Parameter, welche diese Amplituden bestimmen, werden über die Variablen A(4) bzw. A(7) in das allgemeine CALL-SOUND-Statement eingegeben.

2.2.5 Zusammenfassende Übersicht über die Funktion der Parameter

DA(Z)   Tonlänge des Tones Z
TE   Tempofaktor
W(Z)   Grundfrequenz des Tones Z
V(Z)   Grundfrequenz der zweiten Stimme = W(Z) bei einer einstimmigen Melodie
A(1)   Tastverhältnis
A(2)   relative Frequenz der 2. Schwingung

A(3)   Schwebungsinkrement für die 2. Schwingung
A(4)   Parameter für die Amplitude der 2. Schwingung
A(5)   relative Frequenz der 3. Schwingung
A(6)   Schwebungsinkrement für die 3. Schwingung
A(7)   Parameter für die Amplitude der 3. Schwingung

2.2.6 Programmbeschreibung

Wesentlich informativer als viele Worte sind Programmablaufpläne. Daher soll auch dieses Programm zur Konstruktion eines konstanten Klanges mit Hilfe der **Flußdiagramme 2.2 bis 2.6** auf den nachfolgenden Seiten erklärt werden. Neben den jeweiligen Sinnbildern stehen die Zeilennummern des Programmabschnittes, in dem die Operationen durchgeführt werden und wo man die konkreten Details der praktischen Programmrealisierung nachlesen kann. Hier sollen nur einige Informationen zur Bemessung der Eingabewerte gegeben werden.

1. *Bei der Eingabe des Registernamens* kann man jeden beliebigen Stringvariablennamen verwenden. Es empfiehlt sich jedoch, Phantasienamen zu verwenden, die eine Assoziation zum Klang des Registers haben z.B.: Schwebesound, Rechteck etc.. Man muß sich dabei merken, ob man den Registernamen groß- oder kleingeschrieben eingegeben hat, da dies für die Wiederfindung des Registers wichtig ist.
2. *Bei der Eingabe der Schwebungsfrequenz* werden Werte zwischen 0,5 Hz und 20 Hz akzeptiert (Eingabe der Zahlenwerte ohne die Einheit Hz). Werden größere oder kleinere Werte eingegeben, so wird dies angezeigt, und die Eingabeaufforderung wird wiederholt. Um einen musikalisch angenehmen Effekt zu erzielen, empfiehlt es sich, Werte zwischen 1 und 7 einzugeben.
3. *Schwebungstiefe.* Es werden Werte zwischen 6,7 und 100 % der Amplitude akzeptiert.
4. *Relative Frequenz eines Obertones.* Es werden Werte, die größer als 1 und kleiner als 20 sind, sowie 0 angenommen. Die Eingabe von Null hat zur Folge, daß ein freier Oberton (-generator) nicht belegt wird. Um einen harmonischen Klang zu erzielen, sollte man einen ganzzahligen Wert oder einen ganzzahligen Wert gebrochen durch 2^n eingeben. Andere Werte führen zu dissonanten Klängen, die jedoch (bei geringer Dosierung) auch ihren Reiz haben können.
5. *Relative Amplitude.* Angenommen werden Werte zwischen 6,7 und 200 % der Grundamplitude. Da der Tongenerator des Computers die Lautstärke nur in 30 Stufen einstellen kann, wird die Amplitude auf die naheliegendste Stufe gerundet.
6. *Tastverhältnis.* Es werden Werte zwischen 5 und 100 % angenommen. Im Bereich zwischen 80 und 100 % wird das Tastverhältnis gleich 1 (100%) gesetzt, da aus Gründen der begrenzten Arbeitsgeschwindigkeit des Computers diese Werte beim Abspielen der Melodie nicht eingehalten werden könnten.

Flußdiagramm 2.2

Synthese eines konstanten Klanges

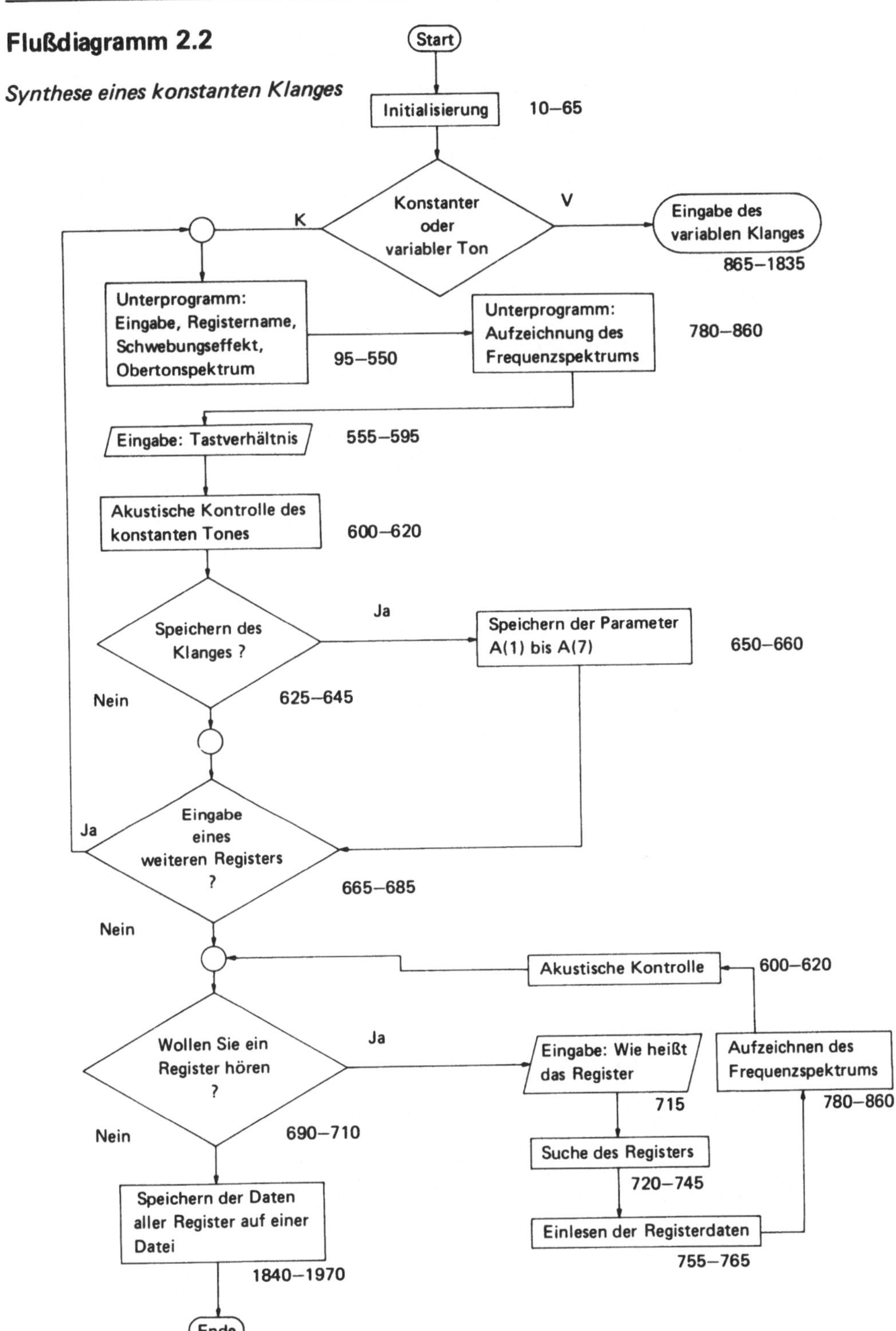

Flußdiagramm 2.3

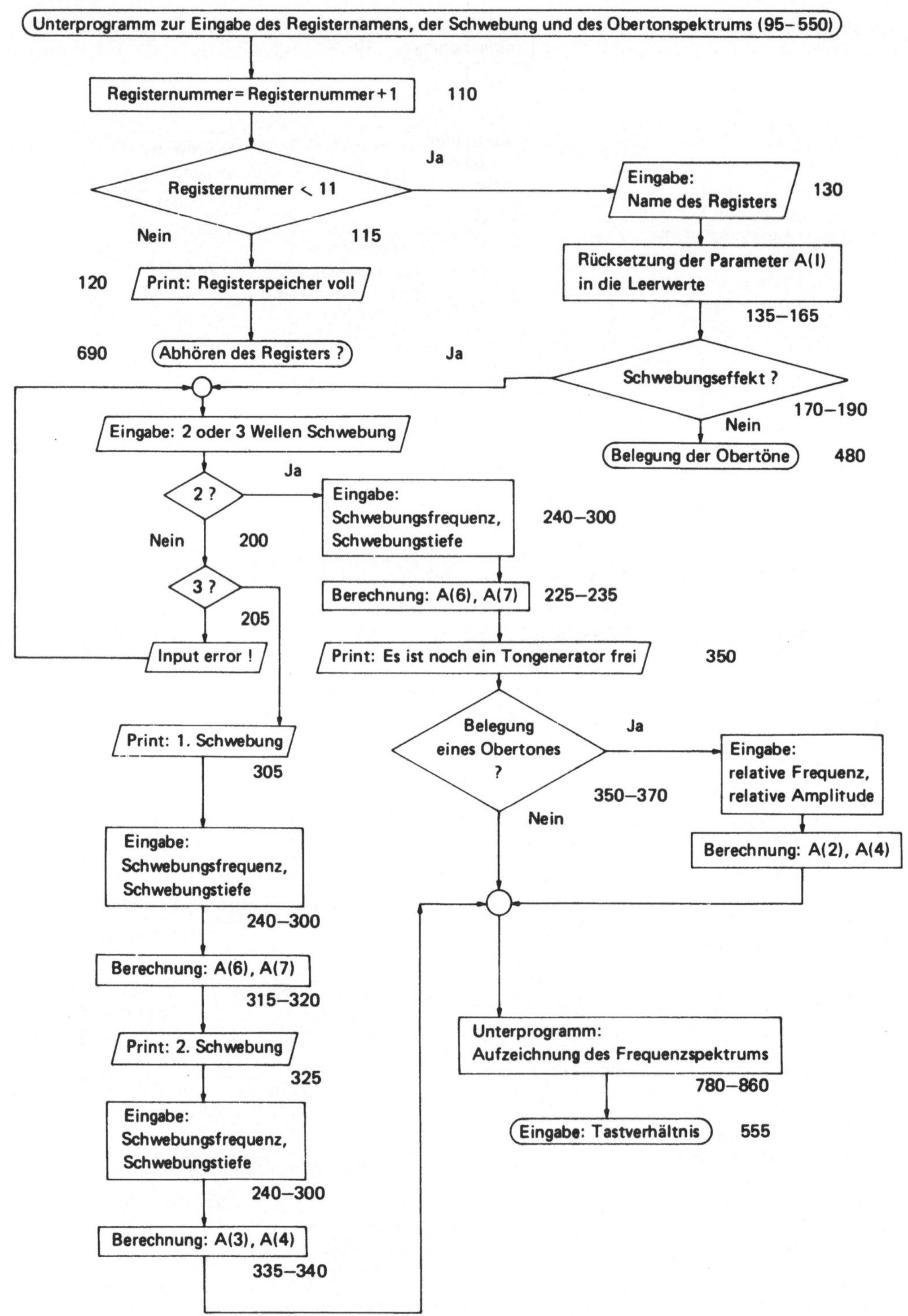

Flußdiagramm 2.4

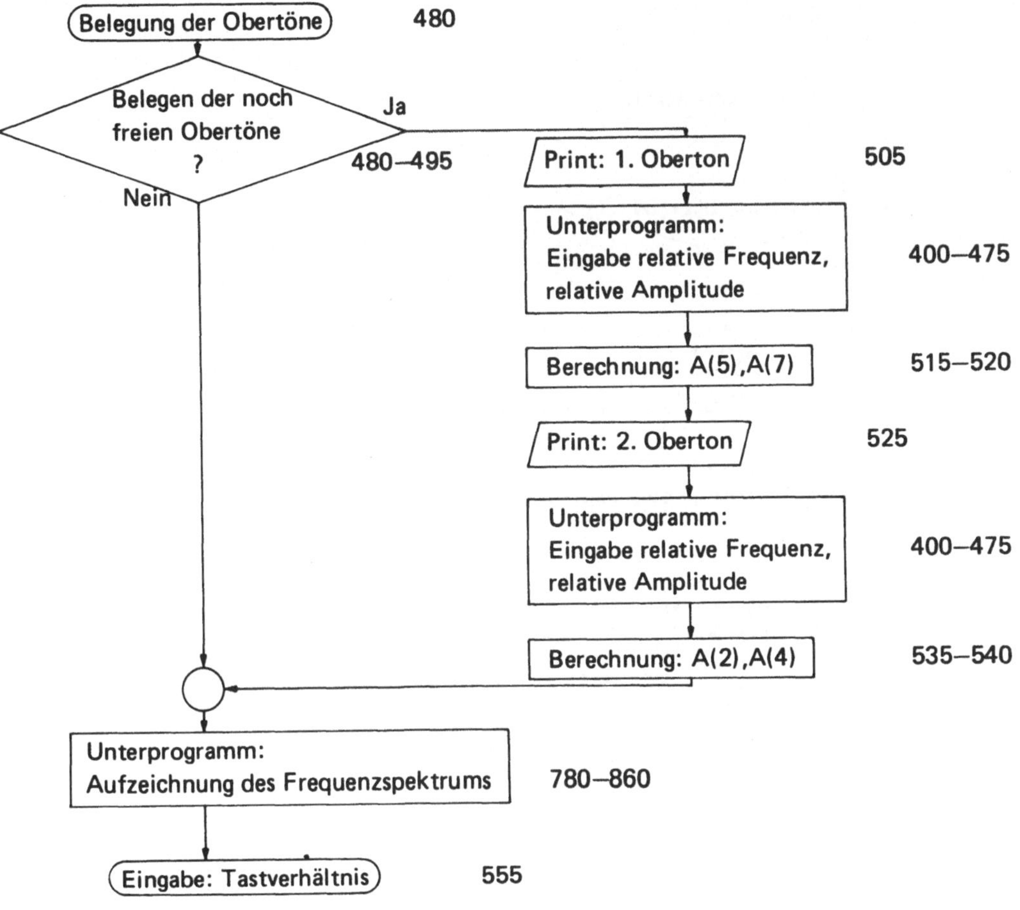

Flußdiagramm 2.5

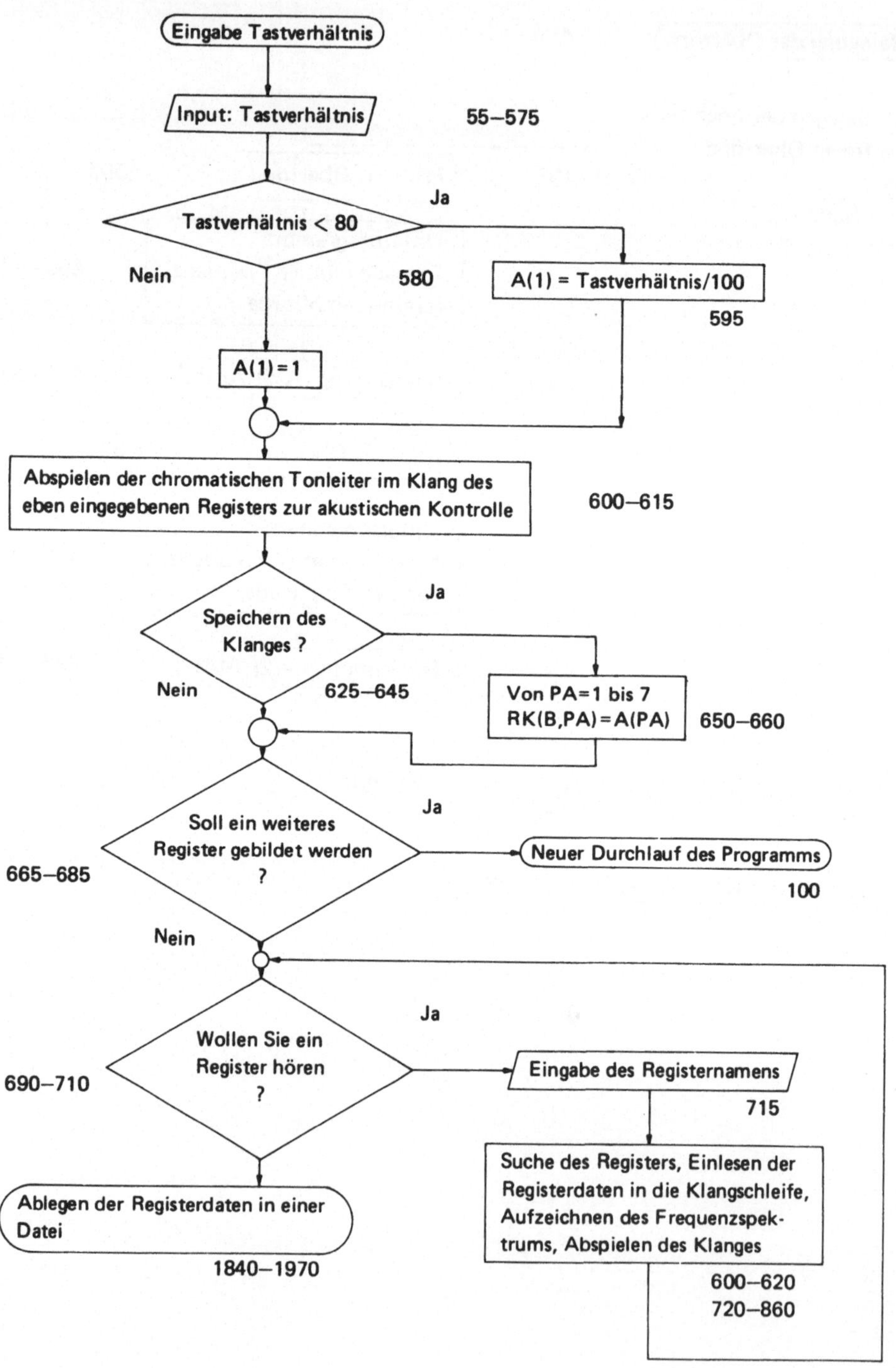

Flußdiagramm 2.6

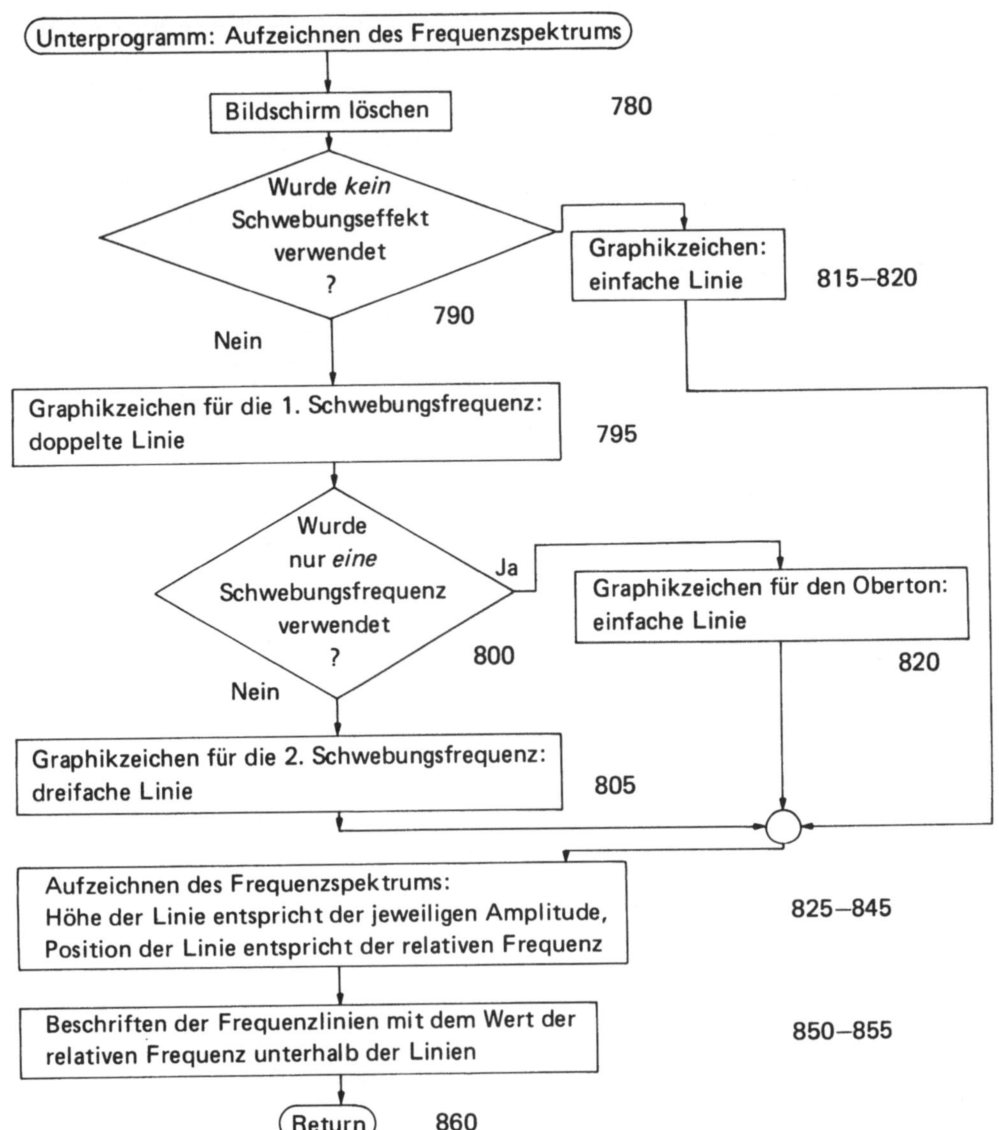

2.3 Variable Töne

Ein variabler Ton kan mit Hilfe der folgenden, allgemeinen Klangschleife erzeugt werden:

```
FOR Z = 1  TO GR
FOR J = 1  TO O
CALL SOUND
NEXT J
NEXT Z
```

momentane Amplitude des 3. Tones

momentane Amplitude des 2. Tones

momentane Amplitude des Grundtones

Grundfrequenz

CALL SOUND(-200,W(Z),P(B,1,J)W(Z)*F(B,1)+F(B,2),P(B,2,J),W(Z)*F(B,3)+F(B,4),P(B,3,J))

2. Frequenz　　　　3. Frequenz

Bedeutung der Variablen

O	bestimmt die Anzahl der Schleifendurchläufe und somit auch die Tonlänge
Z	Tonzählernummer
W(Z)	Grundfrequenz
B	Registernummer
F(B,1)	relative Frequenz des 2. Tones des Registers B
F(B,2)	Schwebungsinkrement des 2. Tones des Registers B
F/B,3)	relative Frequenz des 3. Tones des Registers B
F(B,4)	Schwebungsinkrement des 3. Tones des Registers B
P(B,1,J)	Parameter für die Amplitude des Grundtones in der J-ten achtel Sekunde im Register B
P(B,2,J)	analog für den 2. Ton
P(B,3,J)	analog für den 3. Ton

Funktion der Schleife

Die Eingabe einer negativen Tondauer (im obigen Beispiel -200) bewirkt, daß der Ton sofort unterbrochen bzw. korrigiert wird, sobald ein neues CALL-SOUND-Statement vollständig gelesen wurde. Der Durchlauf durch die obengenannte J-Schleife dauert ca. eine achtel Sekunde, was wiederum bedeutet, daß der Ton achtmal pro Sekunde korrigiert werden kann. Die Aneinanderreihung der einzelnen Töne erfolgt fließend, ohne dazwischenliegender Pause. Wenn man nun die Parameter für die Amplituden der Teiltöne als Funktion der Kontrollvariablen J vorgibt, so kann sich die Lautstärke und das Oberwellenspektrum während des Abspielens des Tones ändern, was zum gewünschten variablen Klang führt.

2.3.1 Hüllkurve

Als Hüllkurve bezeichnet man den Amplitudenverlauf eines Tones. Sie hat einen ganz wesentlichen Einfluß auf den Klangcharakter. So haben z.B. Klavier und Geige ein recht ähnliches Obertonspektrum (beide Klänge werden in der Synthesizertechnik mit Hilfe von Sägezahnschwingungen nachgeahmt). Der charakteristische Klangunterschied entsteht pri-

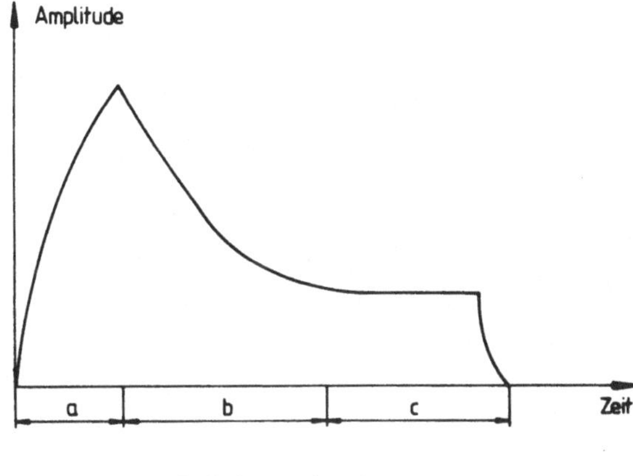

Bild 5
Die Hüllkurve eines variablen Tones läßt sich in drei Abschnitte (Contracussion-, Percussion- und Sustainphase) unterteilen, deren Längen einen starken Einfluß auf den Klangcharakter haben.

mär durch die unterschiedliche Hüllkurve. Während die Lautstärke der Geige während des gesamten Tones mehr oder weniger konstant ist, setzt die Amplitude des Klaviers schlagartig ein und klingt dann relativ rasch wieder ab.

In der Synthesizertechnik ist es üblich, für variable Töne Standardhüllkurven zu verwenden, die qualitativ die in **Bild 5** gezeichnete Form besitzen. Man unterscheidet dabei drei Abschnitte:

1. *In der Einschwing- oder Contracussionsphase* steigt die Amplitude im allgemeinem rasch von 0 auf den maximalen Wert an. Die Dauer dieser Contracussionsphase prägt die Härte des Toneinsatzes. Töne mit kurzen Einschwingzeiten klingen hart angeschlagen, während Töne mit langen Contracussionsphasen weich anschwellen.
2. *Dämpfungs- oder Percussionsphase.* Nach dem Anschlagen eines variablen Tones klingt dieser mehr oder weniger schnell wieder ab. Die Steilheit dieser Dämpfung hat ebenfalls einen starken Einfluß auf den Klangcharakter. Rasch abschwellende Töne (Klavier) klingen klar und prägnant. Langsam ausklingende Töne (Harfe) sind hingegen weich und harmonisch.
3. *Die Halte- oder Sustainphase* ist bei natürlichen Tönen nicht vorhanden. Es hat sich jedoch beim Spielen mit Synthesizern bewährt, den Ton nicht ganz abklingen zu lassen, sondern auf einem bestimmten Pegel eine gewisse Zeit noch zu halten.

Realisierung mit dem Computer

Bei Synthesizern wird der Hüllkurvenverlauf eines Tones einfach dadurch erzeugt, daß man das Tonsignal mit einer Spannung, die der Hüllkurve entspricht, moduliert. Dadurch wird die Lautstärke kontinuierlich verändert. Der Tongenerator des Computers erlaubt zum einen nur eine Einstellung der Amplitude in 30 Stufen und zum anderen nur alle achtel Sekunde eine Änderung des Amplitudenwertes. Dies hat zur Folge, daß die Hüllkurve einen stufenförmigen Verlauf nehmen muß (**Bild 6**). Erfreulicherweise kann man feststellen, daß das Ohr so träge ist, daß es diese Stufen im allgemeinen kaum wahrnimmt, so daß man mit den in den Bildern 6 und 7 gezeichneten Hüllkurven einen guten musikalischen Effekt erzielt.

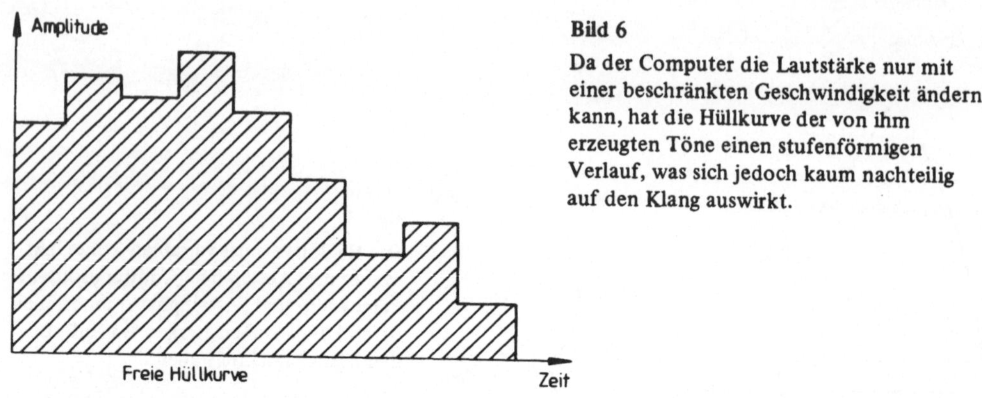

Bild 6

Da der Computer die Lautstärke nur mit einer beschränkten Geschwindigkeit ändern kann, hat die Hüllkurve der von ihm erzeugten Töne einen stufenförmigen Verlauf, was sich jedoch kaum nachteilig auf den Klang auswirkt.

Eingabe der Hüllkurve

Das Programm sieht zwei Methoden zur Hüllkurveneingabe vor.

1. Bei der freien Hüllkurveneingabe gibt man für jede achtel Sekunde einen Amplitudenwert ein (Angaben in % der maximalen Amplitude). Die eingegebenen Werte werden dann in die Parameter P(B, X, J) umgerechnet, die im CALL-SOUND-Statement die Amplituden der Teiltöne in der jeweils J/8-tel Sekunde bestimmen. Man kann auf diese Weise (im Rahmen der möglichen Auflösung) jede beliebige Hüllkurvenform in max. 10 Stufen eingeben.

2. Bei der Standardhüllkurveneingabe (**Bild 7**) lehnt man sich an den Sprachgebrauch der Synthesizertechnik an und gibt lediglich die Werte für die Contracussion, Percussionszeit, Sustainamplitude und Sustainlänge ein. Der Computer berechnet dann daraus den konkreten Hüllkurvenverlauf. Dies vereinfacht und beschleunigt die Hüllkurvenprogrammierung ganz erheblich. (Die praktische Durchführung dieser Operationen entnehme man den Programmablaufplänen und der Programmauflistung am Ende dieses Kapitels.)

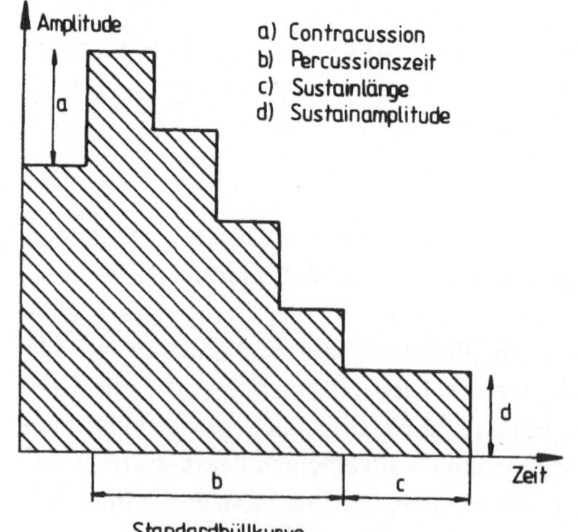

Bild 7

Standardhüllkurve

2.3.2 Tremolo

Als Tremolo bezeichnet man ein Amplitudenvibrato, d.h. eine periodische Schwankung der Lautstärke. Bei Synthesizern erzielt man diesen Effekt dadurch, daß man das Tonsignal mit einer langsamen (3–10 Hz) Schwingung moduliert. Beim Computer läßt sich dieser Effekt leicht dadurch erreichen, daß man die Hüllkurve bei jeder Stufe abwechselnd mit einem Faktor, der etwas größer bzw. etwas kleiner als 1 ist, multipliziert. Die Größe dieses Faktors bestimmt dabei die Tiefe der Tremolomodulation. Wenn man nicht jede Stufe, sondern nur jede zweite Stufe der Hüllkurve verändert (**Bild 8**), erhält man ein langsames Tremolo (2 Hz statt 4 Hz).

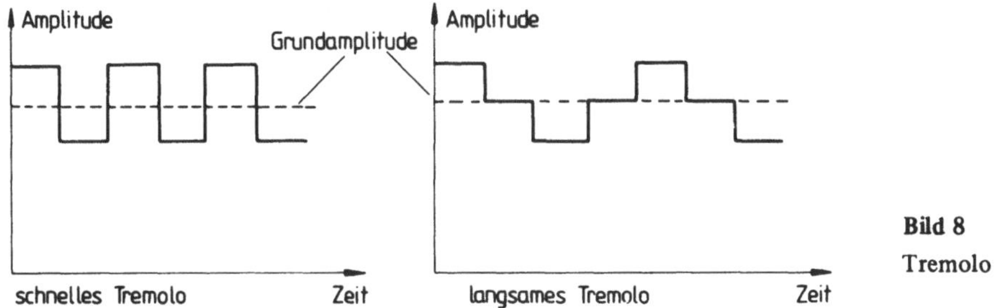

Bild 8
Tremolo

2.3.4 Klangverlauf

Die Amplituden der einzelnen Teiltöne sind voneinander unabhängig. Man kann daher auch für jeden der drei Töne eine eigene Hüllkurve eingeben, was zur Folge hat, daß sich im Verlauf des Tones das Verhältnis der Intensitäten der Teiltöne und somit auch die Klangfarbe ändert. Ordnet man z.B. dem Grundton eine Hüllkurve mit großer Contracussion und hoher Sustainamplitude zu und gibt dafür den Obertönen eine Hüllkurve mit geringer Contracussion und niedriger Sustainamplitude, so setzt der Ton hell ein und klingt dumpf aus. Gibt man dem Grundton kein, dem 2. Ton ein schnelles und dem 3. Ton ein langsames Tremolo, so kommt es zu einer Klangfarbenvibrato usw.

2.3.5 Programm zur Eingabe von variablen Klängen

Das Programm zur Eingabe von variablen Klängen hat die Unterprogramme zur Eingabe des Schwebungseffekts und des Obertonspektrums zur Aufzeichnung des Frequenzspektrums und zur Speicherung der Registerdaten in einer Datei mit dem Programm zur Eingabe von konstanten Klängen gemeinsam. Neu hinzu kommen lediglich die Unterprogramme zur Eingabe der Hüllkurve, des Tremolos und des Klangverlaufs sowie ein Programmabschnitt zur akustischen Kontrolle des eingegebenen variablen Klangs.

Die Funktion der einzelnen Programmabschnitte läßt sich am besten aus den Programmablaufplänen ersehen. **Flußdiagramm 2.7** gibt einen Überblick über das gesamte Programm, während die folgenden **Diagramme 2.8 bis 2.13** die einzelnen Operationen genauer illustrieren. Die letzten Details zur praktischen Realisierung erfährt man aus der Programmauflistung in Abschnitt 2.4

Angaben zur Bemessung der Eingabewerte werden auf dem Bildschirm direkt angezeigt.

Flußdiagramm 2.7

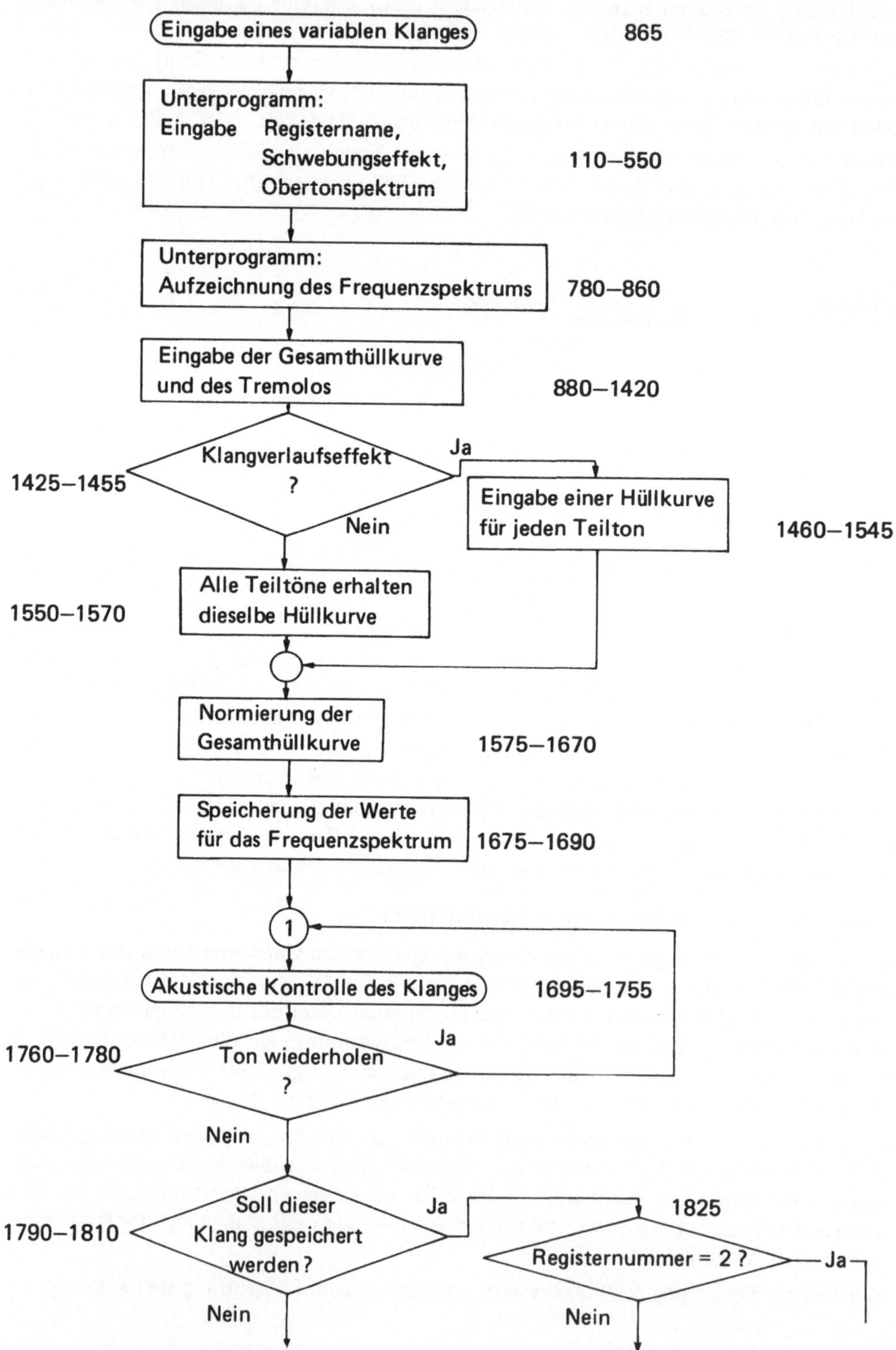

Fortsetzung Flußdiagramm 2.7

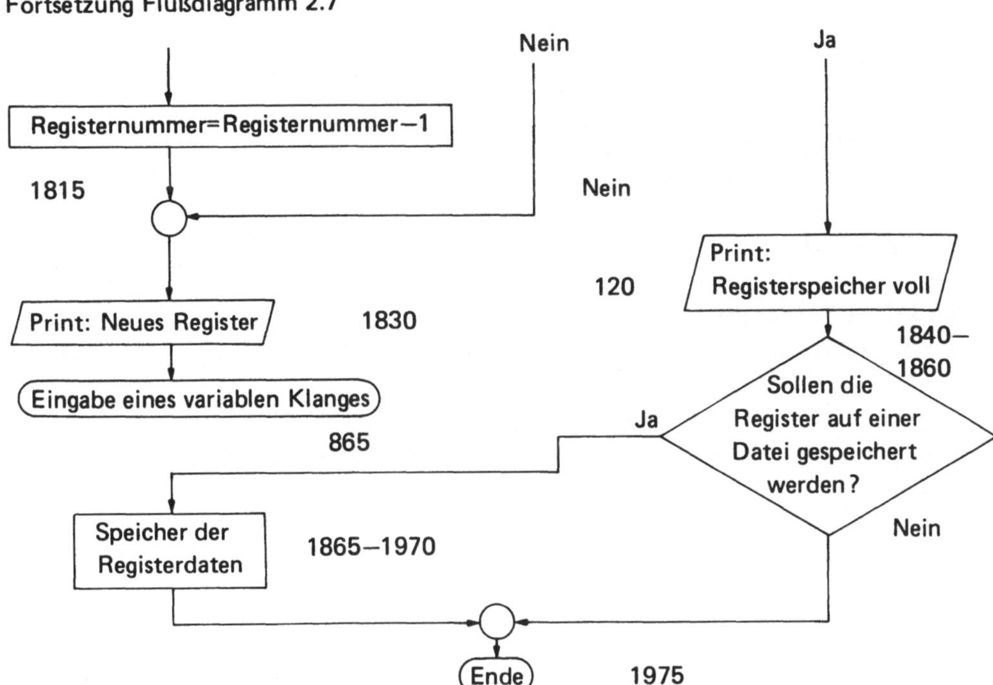

Flußdiagramm 2.8

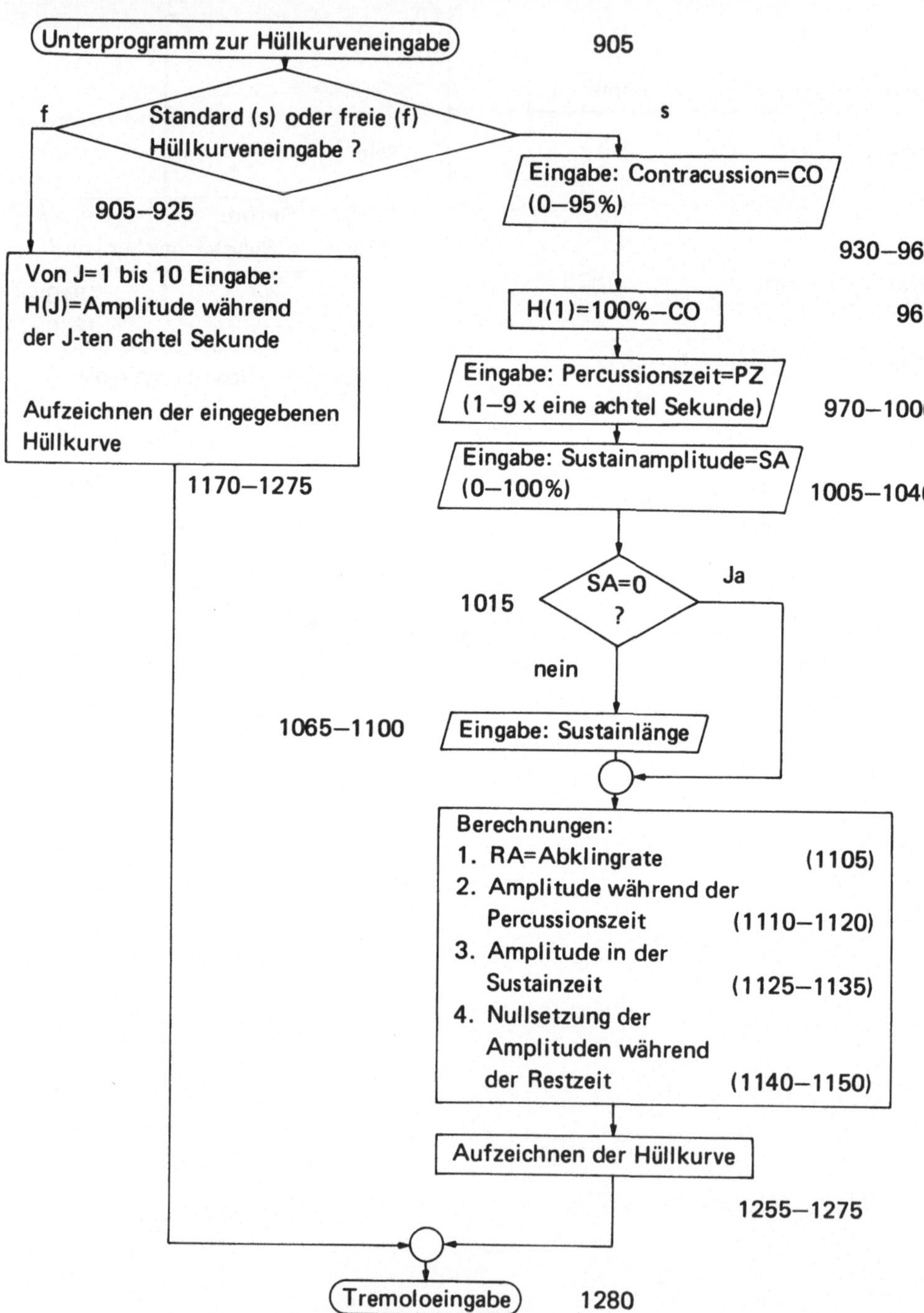

Flußdiagramm 2.9

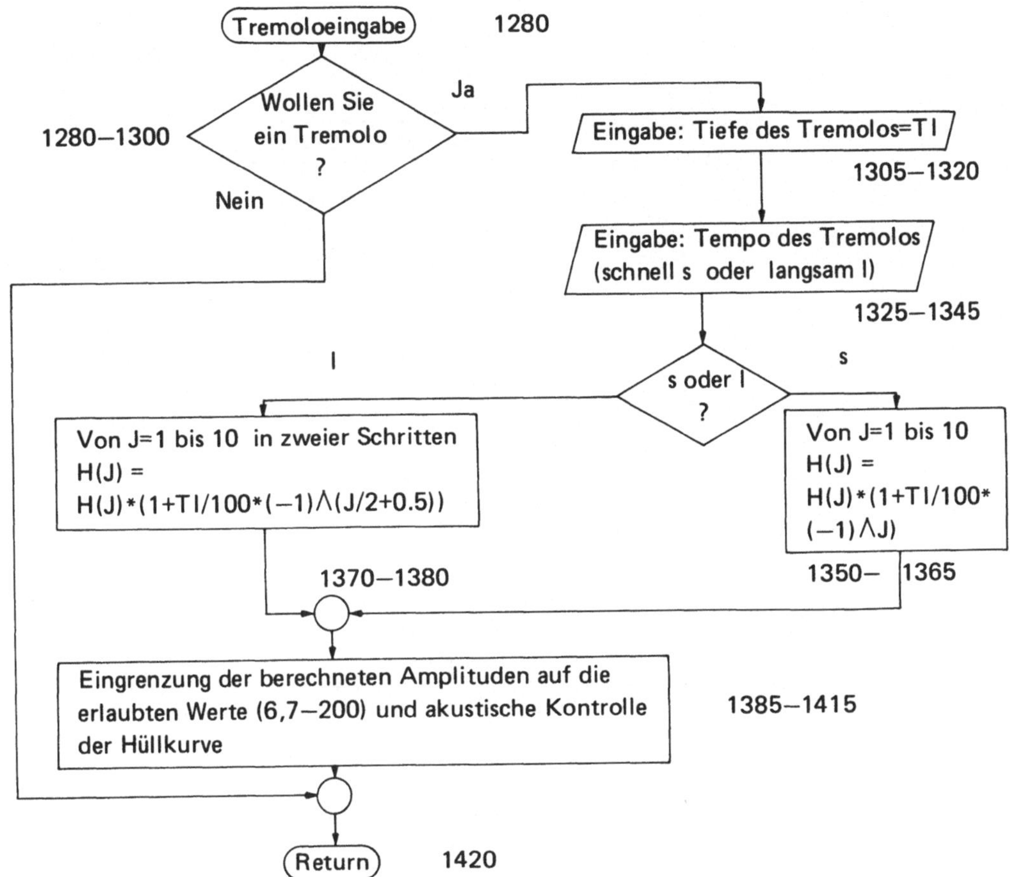

Flußdiagramm 2.10

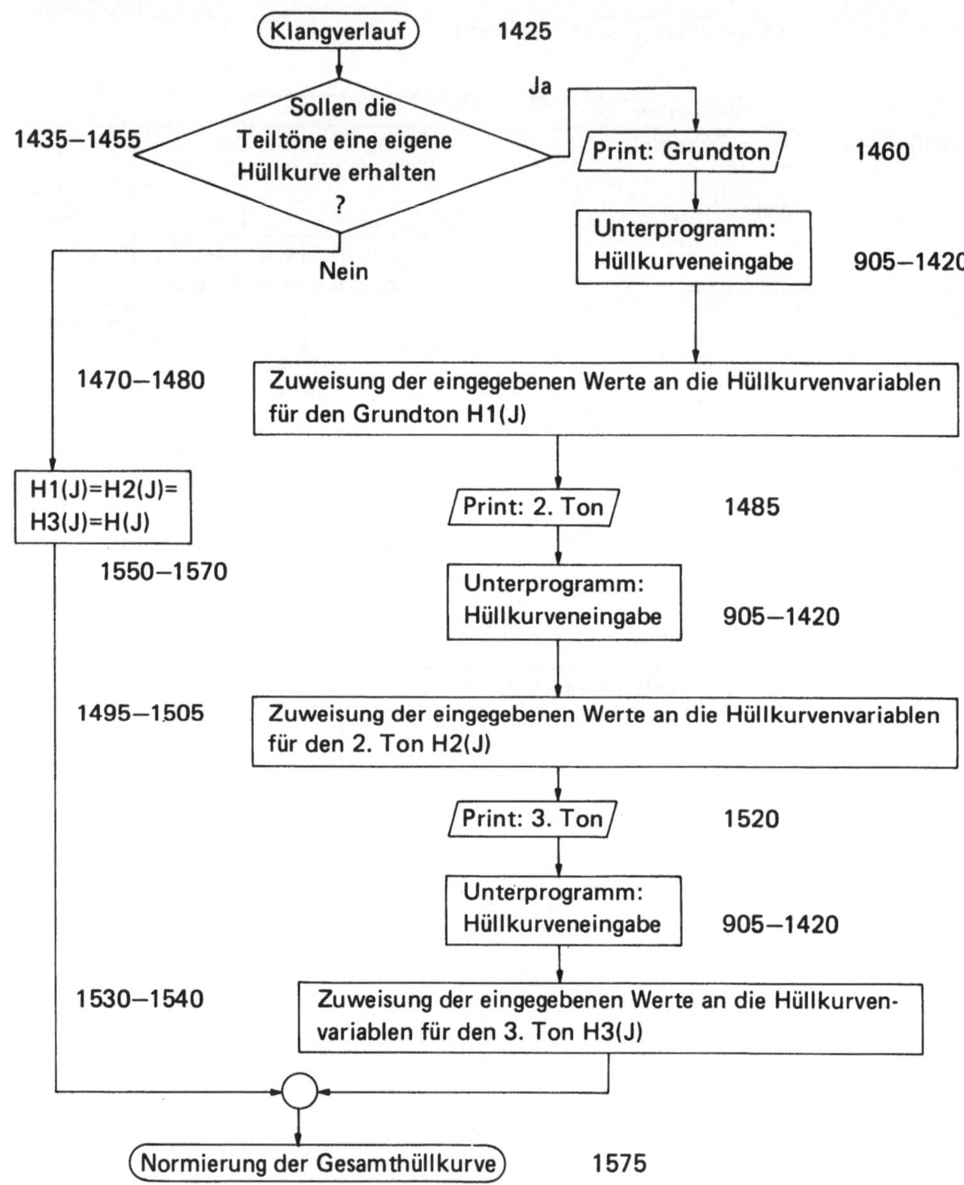

Flußdiagramm 2.11

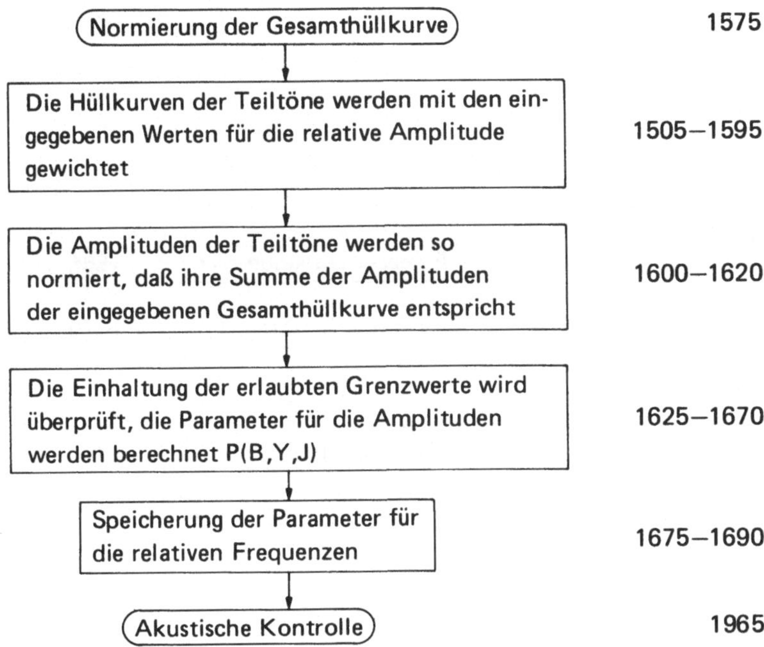

Flußdiagramm 2.12

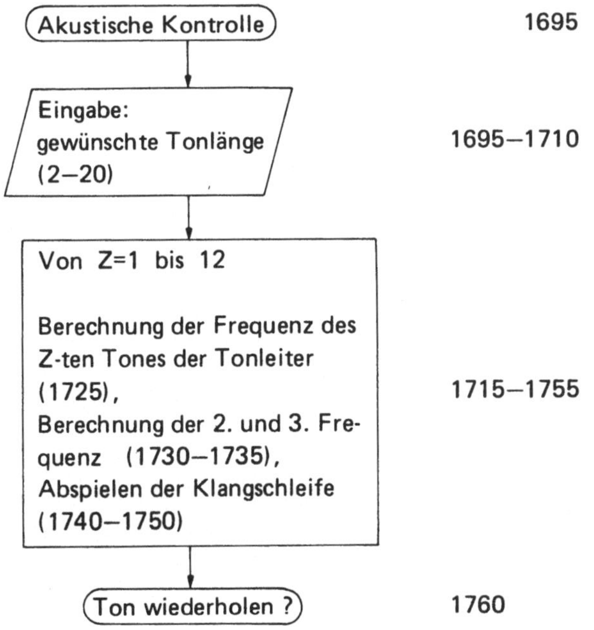

Flußdiagramm 2.13

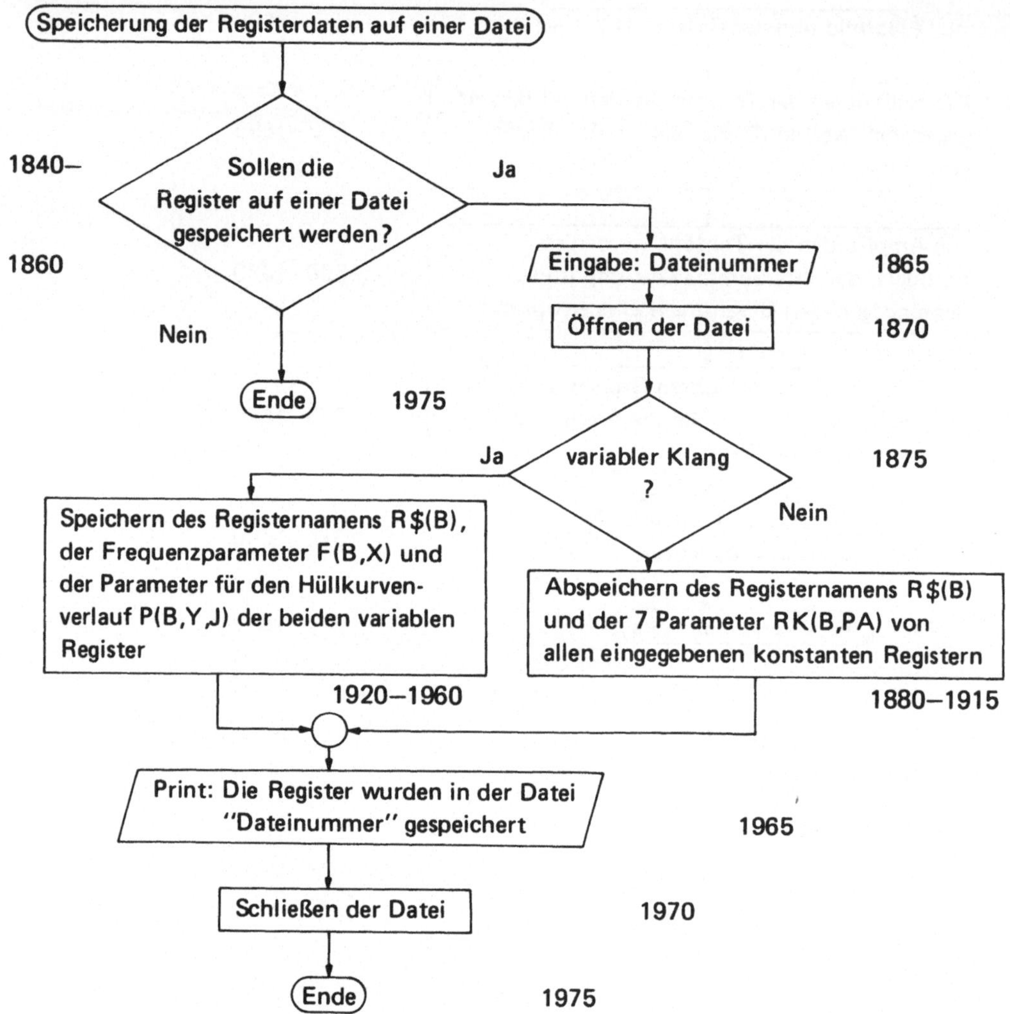

2.4 Programmauflistung

```
10   CALL CLEAR
15   CALL CHAR(140,"FFFFFFFFFFFFFFFF")
20   CALL CHAR(150,"8080808080808080")
25   CALL CHAR(151,"9090909090909090")
30   CALL CHAR(152,"9292929292929292")
35   DIM R$(10)
```

```
40      DIM W(12)
45      DIM L(12)
50      DIM M(12)
55      PRINT "Klangsyntheseprogramm":::::
60      I$="Input error ! "
65      J$=" J oder N "
70      INPUT "Konstanter (K) oder variabler (V) Ton ?":RT$
75      IF RT$="k" THEN 95
80      IF RT$="v" THEN 870
85      PRINT I$&" k oder v "::
90      GO TO 70
95      DIM RK(10,7)
100     GOSUB 110
105     GO TO 555
110     B=B+1
115     IF B <11 THEN 130
120     PRINT "Registerspeicher voll":::
125     GO TO 690
130     INPUT "Welchen Namen wollen Sie dem Register geben ?":R$(B)
135     A(1)=1
140     A(2)=1
145     A(5)=1
150     A(4)=30
155     A(7)=30
160     A(3)=0
165     A(6)=0
170     INPUT "Schwebungseffekt ?":SW$
175     IF SW$="J" THEN 195
180     IF SW$="N" THEN 480
185     PRINT I$&J$
190     GO TO 170
195     INPUT "Schwebung mit 2 oder 3 Wellen ?":ZW
200     IF ZW=2 THEN 220
205     IF ZW=3 THEN 305
210     PRINT I$&"2 oder 3"::
215     GO TO 195
220     GOSUB 245
225     A(6)=2*SF
230     A(7)=200/ST
235     GO TO 350
240     PRINT I$&"Zu klein"::
245     INPUT "Schwebungsfrequenz =":SF
250     IF SF<0.5 THEN 240
255     IF SF<20 THEN 275
260     PRINT I$&"Zu groß"::
```

```
265    GO TO 245
270    PRINT "Zu gering"::
275    INPUT "Schwebungstiefe =":ST
280    IF ST<20/3  THEN 270
285    IF ST<=100  THEN 300
290    PRINT I$&"Zu groß"::
295    GO TO 275
300    RETURN
305    PRINT "1.Schwebung :"::
310    GOSUB 245
315    A(6)=2*SF
320    A(7)=200/ST
325    PRINT "2. Schwebung :"::
330    GOSUB 245
335    A(3)=2*SF
340    A(4)=200/ST
345    GO TO 545
350    INPUT "Es ist noch ein Oberton frei.Wollen Sie ihn belegen?":OB$
355    IF OB$="J" THEN 375
360    IF OB$="N" THEN 545
365    PRINT I$&J$::
370    GO TO 350
375    GOSUB 400
380    A(2)=RF
385    A(4)=200/RA
390    GO TO 545
395    PRINT I$ & "Zu klein"
400    INPUT "Relative Frequenz =":RF
405    IF RE<>O THEN 425
410    RA=20/3
415    RF=1
420    RETURN
425    IF RF<1 THEN 395
430    IF RF<20 THEN 450
435    PRINT I$& "Zu groß"::
440    GO TO 400
445    PRINT I$& "Zu klein"::
450    INPUT "Relative Amplitude =
              (in % der Grundschwingung)":RA
455    IF RA<20/3 THEN 445
460    IF RA<=200 THEN 475
465    PRINT I$&"Zu groß"::
470    GO TO 450
475    RETURN
```

```
480    INPUT "Es sind noch zwei Obertöne frei.
              Wollen Sie sie belegen ?":OZ$
485    IF OZ$="J" THEN 505
490    IF OZ$="N" THEN 545
495    PRINT I$&J$::
500    GO TO 480
505    PRINT "1.Oberton =":::
510    GOSUB 400
515    A(5)=RF
520    A(7)=200/RA
525    PRINT "2.Oberton:"::
530    GOSUB 400
535    A(2)=RF
540    A(4)=200/RA
545    GOSUB 780
550    RETURN
555    INPUT "Tastverhältnis=
              (Angaben in %)":TA
560    IF TA<5 THEN 570
565    IF TA<=100 THEN 580
570    PRINT I$::::
575    GO TO 555
580    IF TA<80 THEN 595
585    A(1)=1
590    GO TO 600
595    A(1)=TA/100
600    FOR Z=1 TO 12
605    W(Z)=262*1.059^Z
610    CALL SOUND(A(1)*250,W(Z),2,W(Z)*A(2)+A(3),A(4),W(Z)*A(5)+A(6),A(7))
615    NEXT Z
620    IF HO$="J" THEN 690
625    INPUT "Speichern dieses Klanges ?":KS$
630    IF KS$="J" THEN 650
635    IF KS$="N" THEN 665
640    PRINT I$&J$::
645    GO TO 625
650    FOR PA=1 TO 7
655    RK(B,PA)=A(PA)
660    NEXT PA
665    INPUT "Wollen Sie ein weiteres Register bilden?":RB$
670    IF RB$="J" THEN 100
675    IF RB$="N" THEN 690
680    PRINT I$&J$::
685    GO TO 665
690    INPUT "Wollen Sie ein Register hoeren?":HO$
```

```
695     IF HO$="J" THEN 715
700     IF HO$="N" THEN 1840
705     PRINT I$&J$::
710     GO TO 690
715     INPUT "Wie heisst das Register ?":HR$
720     FOR B=1 TO 10
725     IF HR$=R$(B) THEN 745
730     NEXT B
735     PRINT I$&"Es ist kein Register mit diesem Namen gespeichert"::
740     GO TO 715
745     IF RT$="k" THEN 755
750     IF RT$="v" THEN 1695
755     FOR PA=1 TO 7
760     A(PA)=RK(B,PA)
765     NEXT PA
770     GOSUB 780
775     GO TO 600
780     CALL CLEAR
785     PRINT "Frequenzspektrum von "&R$(B):::::::::::::::::
790     IF A(6)=0 THEN 815
795     E=151
800     IF A(3)=0 THEN 820
805     N=152
810     GO TO 825
815     E=150
820     N=150
825     CALL VCHAR(11,4,150,10)
830     IF A(5)>9 THEN 840
835     CALL VCHAR(21-INT(20/A(7)),3*A(5)+1,E,INT(20/A(7)))
840     IF A(2)>9 THEN 850
845     CALL VCHAR(21-INT(20/A(4)),3*A(2)+1,N,INT(20/A(4)))
850     PRINT TAB(3*A(2)-3);A(2);TAB(3*A(5)-3);A(5):::
855     CALL HCHAR(21,3,49)
860     RETURN
865     REM Eingabe eines variablen Klanges
870     DIM P(2,3,10)
875     GOSUB 110
880     GOSUB 905
885     FOR J=1 TO 10
890     HG(J)=H(J)
895     NEXT J
900     GO TO 1425
905     INPUT "Standard (S) oder freie (F) Huellkurveneingabe ?":HE$
910     IF HE$="S" THEN 930
915     IF HE$="F" THEN 1170
```

```
 920    PRINT I$&"S oder F"::
 925    GO TO 905
 930    INPUT "Contracussion (0 bis 95%)":CO
 935    IF CO>=0 THEN 950
 940    PRINT I$::
 945    TO TO 930
 950    IF CO<=95 THEN 965
 955    PRINT I$&"Zu gross"::
 960    GO TO 930
 965    H(1)=100-CO
 970    INPUT "Percussionszeit (1-9 x eine achtel Sekunde)": PZ
 975    IF PZ>=1 THEN 990
 980    PRINT I$&"Zu kurz"::
 985    GO TO 970
 990    IF PZ<=9 THEN 1005
 995    PRINT I$&"Zu lang"::
1000    GO TO 970
1005    INPUT "Sustain (% der maximalen Amplitude):":SA
1010    IF SA>0 THEN 1030
1015    IF SA=0 THEN 1105
1020    PRINT I$&"Zu gering"::
1025    GO TO 1005
1030    IF SA<=100 THEN 1045
1035    PRINT I$&"Zu gross"::
1040    GO TO 1005
1045    IF CO=0 THEN 1060
1050    UR=2
1055    GO TO 1065
1060    UR=1
1065    PRINT "Sustainlaenge (0 bis ";11-UR-PZ;" x einer achtel Sekunde":
1070    INPUT SL
1075    IF SL>=0 THEN 1090
1080    PRINT "I$&"Nicht negativ !"::
1085    GO TO 1065
1090    IF SL<=11-UE-PZ THEN 1105
1095    PRINT I$&"Zu lang"::
1100    GO TO 1065
1105    RA=(100-SA)/PZ
1110    FOR J=UR TO UR+PZ-1
1115    H(J)=100-RA*(J-UR)
1120    NEXT J
1125    FOR J=UR+PZ TO UR+PZ+SL-1
1130    H(J)=SA
1135    NEXT J
1140    FOR J=UR+PZ+SL TO 10
```

```
1145    H(J)=0
1150    NEXT J
1155    J=10
1160    GOSUB 1255
1165    GO TO 1280
1170    REM freie Huellkurve
1175    CALL CLEAR
1180    PRINT "Geben Sie die Huellkurve ein": "(Amplitude in % des Maximalwertes":::
1185    PRINT "6.7 bis 200%"::
1190    FOR J=1 TO 10
1195    GOSUB 1210
1200    NEXT J
1205    GO TO 1280
1210    PRINT "Amplitude der ";J;"-ten achtel Sekunde =" : :
1215    INPUT H(J)
1220    IF H(J)< =200 THEN 1235
1225    PRINT I$&"Zu gross"::
1230    GO TO 1210
1235    IF H(J)<>0 THEN 1255
1240    J=10
1245    PRINT "ENDE der Huellkurveneingabe":::
1250    CALL SOUND(250,440,2,444,2)
1255    CALL CLEAR
1260    FOR =1 TO
1265    CALL VCHAR(23-INT(H( )/5),4+ ,140,INT(H( )/5))
1270    NEXT
1275    RETURN
1280    INPUT "Wollen Sie ein Tremolo ?": TR$
1285    IF TR$="J" THEN 1305
1290    IF TR$="N" THEN 1385
1295    PRINT I$&J$::
1300    GO TO 1280
1305    INPUT "Tiefe des Tremolos : (% der Grundamplitude)": TI
1310    IF TI< =100 THEN 1325
1315    PRINT I$&"Zu gross"::
1320    GO TO 1305
1325    INPUT "Tempo des Tremolos : (schnell (s) oder langsam (l))": TT$
1330    IF TT$="s" THEN 1350
1335    IF TT$="l" THEN 1370
1340    PRINT I$&"s oder l"::
1345    GO TO 1325
1350    FOR J=1 TO 10
1355    H(J)=H(J)*(1+TI/100*(-1)∧J)
1360    NEXT J
1365    GO TO 1385
```

```
1370     FOR J=1 TO 10 STEP 2
1375     H(J)=H(J)*(1+TI/100*(-1)^(J/2+0.5))
1380     NEXT J
1385     FOR J=1 TO 10
1390     IF H(J)<=200 THEN 1400
1395     H(J)=200
1400     IF H(J)>10/3 THEN 1410
1405     H(J)=10/3
1410     CALL SOUND(-200,440,100/H(J))
1415     NEXT J
1420     RETURN
1425     IF A(5)<>1 THEN 1435
1430     IF A(6)=0 THEN 1550
1435     INPUT "Sollen die Teiltoene eine eigene Huellkurve erhalten ?":EH$
1440     IF EH$="J" THEN 1460
1445     IF EH$="N" THEN 1550
1450     PRINT I$&J$::
1455     GO TO 1435
1460     PRINT "Grundton :":::
1465     GOSUB 905
1470     FOR J=1 TO 10
1475     H1(J)=H(J)
1480     NEXT J
1485     PRINT A(5);"-ter Oberton:":::
1490     GOSUB 905
1495     FOR J=1 TO 10
1500     H2(J)=H(J)
1505     NEXT J
1510     IF A(2)<>1 THEN 1520
1515     IF A(3)=0 THEN 1550
1520     PRINT A(2);"-ter Oberton :":::
1525     GOSUB 905
1530     FOR J=1 TO 10
1535     H3(J)=H(J)
1540     NEXT J
1545     GO TO 1580
1550     FOR J=1 TO 10
1555     H1(J)=H(J)
1560     H2(J)=H(J)
1565     H3(J)=H(J)
1570     NEXT J
1575     REM Normierung der Gesamthuellkurve
1580     FOR J=1 TO 10
1585     H1(J)=H1(J)*2
1590     H2(J)=H2(J)*2/A(7)
```

```
1595    H3(J)=H3(J)*2/A(7)
1600    SU=H1(J)+H2(J)+H3(J)
1605    FK=HG(J)/SU
1610    H1(J)=H1(J)*FK
1615    H2(J)=H2(J)*FK
1620    H3(J)=H3(J)*FK
1625    IF H1(J)>10/3 THEN 1635
1630    H1(J)=10/3
1635    P(B,1,J)=100/H1(J)
1640    H2(J)=10/3
1650    P(B,3,J)=100/H2(J)
1655    IF H3(J)>10/3 THEN 1665
1660    H3(J)=10/3
1665    P(B,2,J)=100/H3(J)
1670    NEXT j
1675    F(B,1)=A(2)
1680    F(B,2)=A(3)
1685    F(B,3)=A(5)
1690    F(B,4)=A(6)
1695    INPUT "Tondauer:": TD
1700    IF TD<=20 THEN 1715
1705    PRINT I$&"Zu lang"::
1710    GO TO 1695
1715    FOR Z=1 TO 12
1720    O=TD/2
1725    W(Z)=262*1.059^Z
1730    L(Z)=W(Z)*F(B,1)+F(B,2)
1735    M(Z)=W(Z)*F(B,3)+F(B,4)
1740    FOR J=1 TO 0
1745    CALL SOUND(-200,W(Z),P(B,1,J),L(Z),P(B,2,J),M(Z),P(B,3,J))
1750    NEXT J
1755    NEXT Z
1760    INPUT "Ton wiederholen ?": TW$
1765    IF TW$="J" THEN 1695
1770    IF TW$="N" THEN 1785
1775    PRINT I$& J$::
1780    GO TO 1760
1785    IF HO$="J" THEN 690
1790    INPUT "Soll dieser Klang gespeichert werden ?": KVS$
1795    IF KVS$="J" THEN 1820
1800    IF KVS$="N" THEN 1815
1805    PRINT I$& J$
1810    GO TO 1790
1815    B=B-1
1820    CALL CLEAR
```

```
1825    IF B=2 THEN 120
1830    PRINT "Neues Register :":::::
1835    GO TO 75
1840    INPUT "Sollen die Register auf einer Datei gespeichert werden ?": RD$
1845    IF RD$="J" THEN 1865
1850    IF RD$="N" THEN 1975
1855    PRINT I$& J$::
1860    GO TO 1840
1865    INPUT "Dateinummer =": DR
1870    OPEN#DR: "CS1",INTERNAL,OUTPUT,FIXED 192
1875    IF RT$="v" THEN 1920
1880    FOR B=1 TO 10
1885    PRINT#DR:R$(B) ,
1890    FOR PA=1 TO 6
1895    PRINT#DR:RK(B,PA) ,
1900    NEXT PA
1905    PRINT#DR:RK(B,7)
1910    NEXT B
1915    GO TO 1965
1920    FOR B=1 TO 2
1925    PRINT#DR:R$(B),F(B,1),F(B,2),F(B,3),F(B,4)
1930    FOR Y=1 TO 3
1935    FOR J=1 TO 9
1940    PRINT#DR:P(B,Y,J)
1945    NEXT J
1950    PRINT#DR:P(B,Y,10)
1955    NEXT Y
1960    NEXT B
1965    PRINT "Die Register wurden in der Datei ";DR; "gespeichert":::
1970    CLOSE#DR
1975    END
1980    IF RT$="K" THEN 1990
1985    GO TO 1995
1990    IF B < 10 THEN 100
1995    PRINT "Der Speicher ist voll":::::
2000    GO TO 1840
```

3 Melodieeingabeprogramm

Abstrakt gesehen ist eine Melodie eine Folge von Tönen und Pausen. Die Töne werden durch eine bestimmte Tonhöhe und Tonlänge charakterisiert, während die Pausen nur durch die Pausenlänge beschrieben werden müssen. Es gibt verschiedene Möglichkeiten, dem Computer die Informationen über den Melodieverlauf zuzuführen.

Methode A. Man kann die Noten direkt vom Notenblatt herunterlesen und den Ton, die Oktavlage und die Tondauer für jede einzelne Note über die Tastatur eintippen. Dieses Verfahren ist zwar mühsam und erfordert einen großen Schreibaufwand, führt dafür aber in der Regel zu einer tadellosen Tonsequenz, die nur noch selten (bei übersehenen Tippfehlern) korrigiert werden muß.

Methode B. Es gibt einen CALL-KEY-Befehl. Mit seiner Hilfe kann man die Tastatur des Computers in eine Art Klaviertastatur umfunktionieren. Wenn jemand auch nur geringfügige Klavier- oder Akkordeonspielkenntnisse besitzt, kann er auf diese Weise sehr schnell die Melodie eingeben. Es schadet dabei gar nicht, wenn man kein Virtuose ist. Man kann sich nach jedem Ton Zeit lassen, um zu überlegen, welche Taste als nächste gedrückt werden muß. Selbst wenn man einmal „danebengegriffen" hat, kann man diesen Fehler leicht und sofort korrigieren. Die Erfahrung lehrt jedoch, daß man nach einigen Fehlgriffen und längeren Pausen leicht „den Faden verliert", so daß eine auf diesem Weg eingegebene Melodie im allgemeinen ausgiebig bearbeitet werden muß.

Methode C. Wenn man schon einmal ein Stück einer Melodie geschrieben und in einer Datei gespeichert hat, so kann man sie natürlich auch wieder aus dieser Datei einlesen, um sie zu ändern, zu erweitern oder abzuspielen.

Das in diesem Kapitel beschriebene Melodieeingabeprogramm muß drei Aufgaben erfüllen (siehe **Flußdiagramm 3.1**):

1. Es muß die Eingabe von Tonsequenzen auf den drei beschriebenen Wegen ermöglichen.
2. Die eingegebenen Tonsequenzen müssen akustisch überprüft werden können, wozu das Abspielen der Melodie nötig ist.
3. Nach der Eingabe der Melodie muß eine Korrektur der Fehler oder ein Einfügen von Ergänzungen möglich sein.

3.1 Direkte Melodieeingabe
(Programmzeilen 165–525)

Die Speicherung der Melodie erfolgt im Computer in der Art, daß die Frequenzen und Tonlängen der aufeinanderfolgenden Töne in jeweils einem eindimensionalen Feld (Liste) aufgereiht werden. Die Tonfrequenzen werden (im hier angeführten Beispiel) im Feld $W(Z)$ und das Maß für die Tondauer im Feld $DA(Z)$ abgespeichert. Der Index Z ist die Tonzählernummer.

Flußdiagramm 3.1

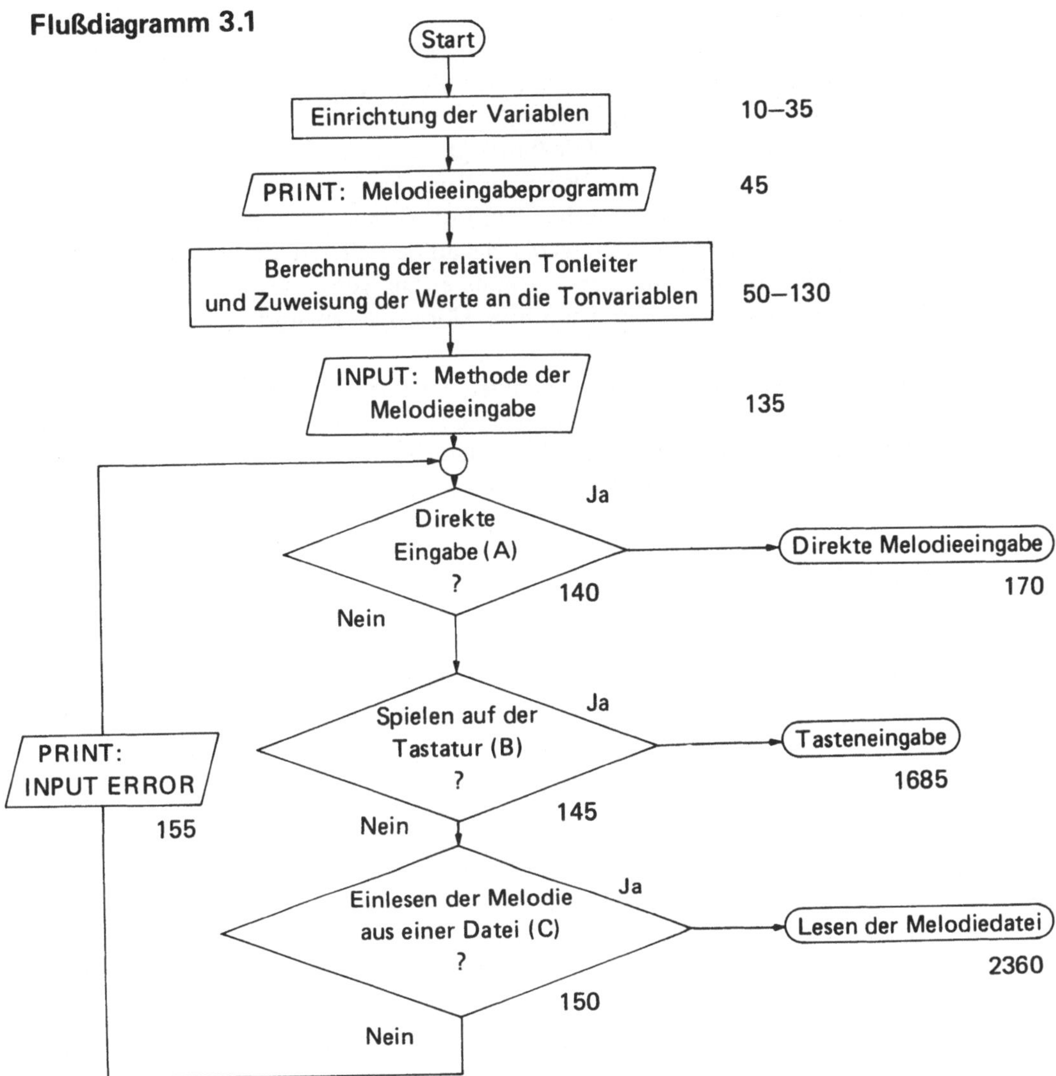

Will man die Melodie abspielen, so muß man nur zu einer Klangschleife springen, welche die folgende allgemeine Form besitzt:

```
XX1      FOR Z=1 TO GR
XX2      IF W(Z)=20000 THEN XX9
XX3      CALL SOUND(DA(Z)*TE,W(Z),...)
           .              .
           .              .
           .              .
XX7      NEXT Z
XX8      GO TO YYY
XX9      CALL SOUND(DA(Z)*TE,W(Z),9)
X10      GO TO XX7
```

GR ist dabei die Tonzählernummer des letzten Tones der Melodie. Beim Durchlaufen dieser Klangschleife werden die Töne der Reihe nach durch das CALL-SOUND-Statement XX3 abgespielt. Dort wo die drei Punkte eine Fortsetzung andeuten, stehen im konkreten Fall weitere Angaben, die den speziellen Klang charakterisieren.

Wenn die Frequenzzahl eines Tones 30 000 beträgt (dies ist das Kennzeichen einer Pause), so wird im Statement XX9 für die Dauer der Pause ein Ultraschallton (30 Hz) gespielt. Würde man die Pause durch die Angabe W(Z)=0 abspielen wollen, so wäre dies zwar physikalisch sinnvoll; der Computer würde darauf jedoch mit dem Ausdruck "BAD VALUE IN XX+" das Programm abbrechen, da er nur Töne im Bereich zwischen 110 und 44733 erzeugen kann. Der unhörbare Ultraschallton stört beim Abspielen der Melodie nicht.

Das Problem, vor dem man nun bei der direkten Melodieeingabe steht, liegt im wesentlichen darin, diese beiden Listen für die Tonfrequenz und die Tondauer mit den richtigen Werten aufzufüllen. Da dieser Programmabschnitt nicht nur zur direkten Melodieeingabe, sondern auch zum Bearbeiten und Transponieren der Melodie verwendet wird, muß er die Form eines Unterprogramms haben, um von verschiedenen Stellen des Hauptprogramms aus erreichbar zu sein. (Einstiegpunkt für die direkte Toneingabe: Zeile 175 in **Flußdiagramm 3.2** und in Abschnitt 3.5 „Programmauflistung").

3.1.1 Toneingabeschleife

Wenn man in die Toneingabeschleife einsteigt, so muß zuerst einmal dem Tonzähler (Z) ein Anfangswert zugewiesen werden (Zeile 170). Dieser Anfangswert (AN) ist, wenn man die Melodie neu beginnt, 0, wenn man eine bereits vorhandene Melodie fortsetzen will gleich GR (Zeile 735). Anschließend wird dieser Tonzähler bei jedem Durchlauf der Schleife um 1 erhöht (Zeile 185). Wenn der Zählerstand größer als 112 wird, erklärt man den Tonspeicher für voll (Zeile 190), und es geht eine Aufforderung an den Anwender, die Melodie in einer Datei zu speichern. Die Beschränkung auf 112 Töne (obwohl die Dimension von W 128 ist) ist notwendig, weil das Programm in der weiteren Folge die Möglichkeit zur Überschreibung und Verschiebung der Melodie (Kanonbildung) vorsieht, was bei Nutzung dieser Möglichkeit zu einer Speicherplatzüberschreitung führen würde. Zur Orientierung wird der jeweilige Zählerstand angezeigt (Zeile 195).

Nun kann mit der Eingabe der Noten begonnen werden. In Zeile 200 wird der Anwender aufgefordert, den Ton einzugeben. Durch die Eingabe von C,FIS,G usw. kann er die Art des Tones festlegen. In den Zeilen 250–315 wird geprüft, ob die Eingabe einem Ton (oder Ende oder Pausenzeichen) entspricht. Ist dies nicht der Fall, so wird "INPUT ERROR (Ton)" ausgedruckt und die Toneingabeaufforderung wiederholt. Wurde eine richtige Toneingabe identifiziert, so wird in den Zeilen 340–505 dem Umrechnungsfaktor UF ein der Eingabe entsprechender Wert für die relative Frequenz des Tones zugeordnet. Die relative Frequenz ist das Verhältnis einer Tonfrequenz zur Frequenz des Tones C. Die Zahlenwerte dafür wurden schon zu Beginn des Programms zur Einrichtung der Tonvariablen berechnet (Zeilen 50–130). Man ging dabei so vor, daß man die relativen Frequenzen einer gleichmäßig temperierten Tonleiter berechnete. Diese erhält man wiederum dadurch, daß man das Intervall einer Oktave (Abstand zweier C, d.h. Frequenzverhältnis 2) in zwölf harmonisch gleich große Schritte unterteilt. Das Verhältnis zweier aufeinanderfolgender Halbtöne ist dabei gleich der zwölften Wurzel von 2 (1,05946).

Flußdiagramm 3.2

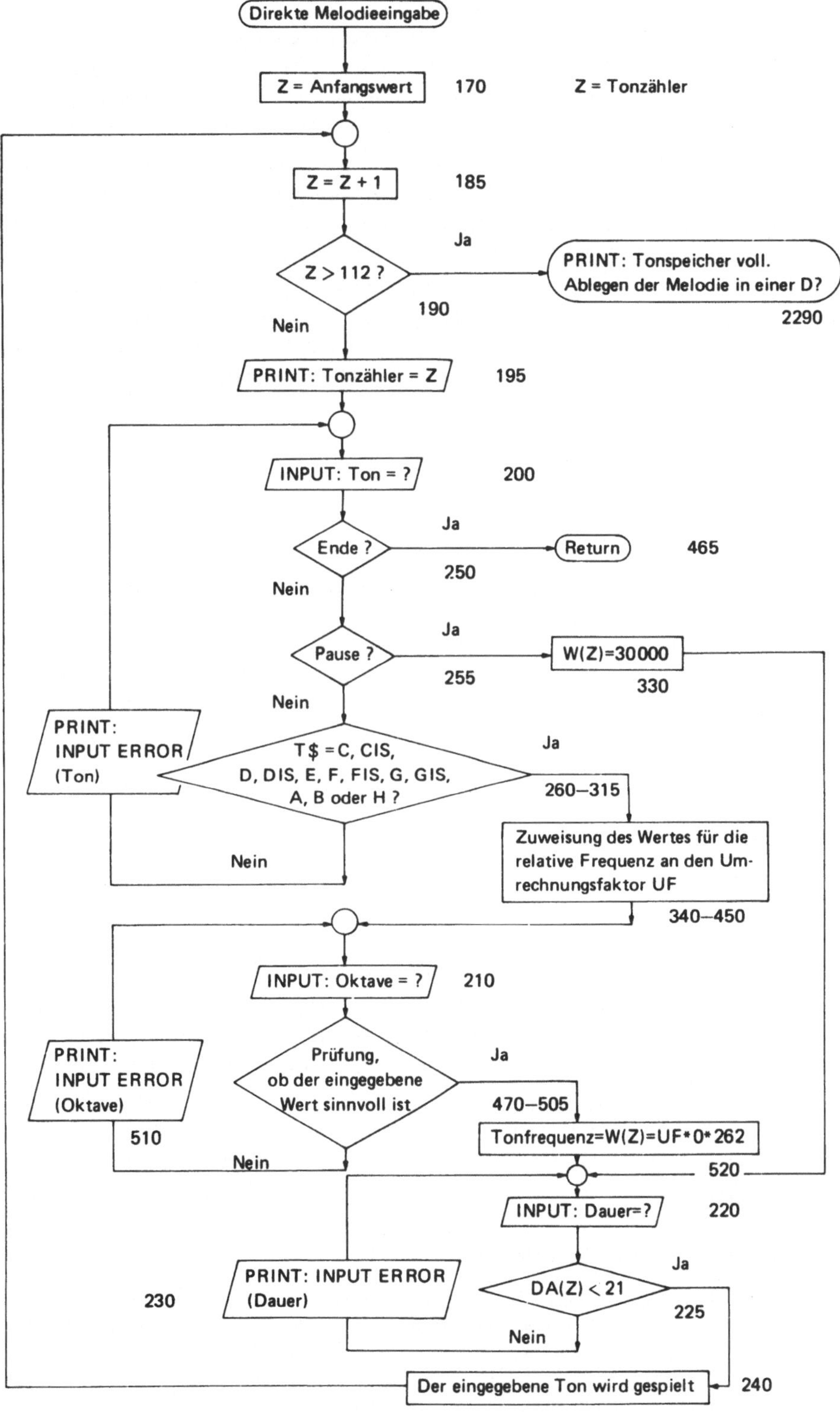

Wenn anstelle eines Tones „Ende" eingegeben wird, so springt man über die Zeilen 250 und 465 wieder in das Hauptprogramm zurück.

Nach der Eingabe eines Tones wird mit der Eingabeaufforderung „Oktave=" (Zeile 210) fortgesetzt. Hat man bei der Toneingabeaufforderung das Pausenzeichen P eingegeben, wird W(Z) = 30000 zugeordnet und das Programm mit der „Dauer="-Eingabeaufforderung (Zeile 220) fortgesetzt.

Bei der Eingabeaufforderung „Oktave=" soll der Anwender die Tonlage beschreiben (Zeile 210). Üblicherweise wird die Melodie in der sogenannten mittleren Tonlage gespielt, und man gibt daher den Wert 1 ein. Soll der Ton in höheren oder tieferen Tonlagen erklingen, muß man die entsprechenden Potenzen von 2 eingeben. Als mögliche Werte sind erlaubt: 0,25; 0,5; 1; 2; 4; 8; 16 und 32. In den Zeilen 470–505 wird geprüft, ob einer dieser Werte eingegeben wurde. Ist dies nicht der Fall, wird „INPUT ERROR (Oktave)" angezeigt (Zeile 510) und die Eingabeaufforderung wiederholt. Wenn die Oktaveingabe richtig war, kann nun die Frequenz des Tones berechnet werden gemäß:

$$\text{Frequenz} = \text{rel. Frequenz} * \text{Oktavlage} * 262\ \text{Hz}$$

$$W(Z) = UF * O * 262 \qquad\qquad\qquad (\text{Zeile } 520)$$

UF = Umrechnungsfaktor = relative Frequenz

O = Oktavlage (Potenz von 2)

262 Hz = Frequenz des mittleren C

Somit wäre die erste Aufgabe, die Eingabe der Tonfrequenz, gelöst. Das Programm setzt nun (Zeile 220) mit der Eingabeaufforderung „Dauer=" fort. Hier kann ein beliebiger Wert aus dem Intervall $O < DA(Z) < 21$ eingegeben werden. Dieser Wert dient als relatives Maß für die Tonlänge. Die absolute Tonlänge kann beim Abspielen der Melodie durch die Eingabe des Tempos (siehe später) variiert werden. Durch die relative Tonlänge wird lediglich das Verhältnis der Tonlängen festgelegt. Wenn man normierte Tonlängen eingeben will, so kann man sich an folgenden Werten orientieren:

   2 für eine Achtelnote

   4 für eine Viertelnote (häufigste Note)

   8 für eine halbe Note

16 für eine ganze Note

Es sei noch darauf hingewiesen, daß es im weiteren Programmverlauf noch eine Möglichkeit gibt, die Tonlängen nachträglich automatisch normieren zu lassen.

Wird ein Wert eingegeben, der größer gleich 21 ist, so wird „INPUT ERROR (Dauer)" angezeigt und die Eingabeaufforderung wiederholt. Dadurch soll verhindert werden, daß beim Abspielen die Tondauer von 4,25 s überschritten wird, was zur Fehlermeldung und zum Abbrechen des Programms führen würde.

Nachdem nun alle Eingaben gemacht wurden, wird der Ton zur akustischen Kontrolle in der Zeile 240 (im einfachen Rechteckklang) gespielt und die Toneingabeschleife wieder von vorne begonnen.

3.2 Melodieabspielprogrammtest

Wenn man durch das Eintippen von ENDE die Toneingabeschleife verläßt und somit die Melodieeingabe abschließt, sollte man die eingegebene Tonsequenz kontrollieren. Am einfachsten geschieht dies dadurch, daß man die Melodie abspielen läßt und sie dabei akustisch kontrolliert. Das in das Melodieeingabeprogramm integrierte kleine Melodieabspielprogramm hat zwar nur Zugriff auf vier Register und 112 Töne und bietet daher weniger Klangmöglichkeiten, wie das Hauptmelodieabspielprogramm; sein Zweck soll jedoch in erster Linie die Kontrolle der Melodie sein, bei der man auf einen ausgefeilten „Sound" verzichten kann.

Programmbeschreibung (siehe auch **Flußdiagramm 3.3**)

Da der Tonzähler (bevor man ENDE eingeben konnte) um 1 erhöht wurde, muß man vom momentanen Tonzählerstand wieder 1 subtrahieren, um zur Tonzählernummer des letzten Tones zu gelangen (Zeile 535). Dieser Tonzählerstand wird als Tonobergrenze (GR) gespeichert (Zeile 540). Der Tonobergrenzwert (GR) gibt im folgenden an, wie oft die Klangschleife zum Abspielen der Melodie durchlaufen werden muß.

Da nun soweit alles vorbereitet ist, meldet sich der Computer mit: „Melodie gespeichert, Abspielen der Melodie?" (Zeile 545). Wünscht man dies nicht (Eingabe von N für Nein), so geht er zur nächsten Frage über (Zeile 555). Antwortet man hingegen mit J (für Ja), so fragt er als nächstes nach dem gewünschten Tempo (Zeile 575). Sollte man eine falsche bzw. eine unzulässige Antwort eingeben, so wird dies, wie auch bei allen übrigen Eingabeaufforderungen, grundsätzlich angezeigt. Die falsch beantwortete Frage wird anschließend wiederholt. Bei der Tempo-Eingabeaufforderung wird als Antwort eine Zahl zwischen 1 und 40 erwartet. Im Bereich zwischen 1 und 8 gibt diese Zahl ungefähr an, mit wie vielen Anschlägen pro Sekunde eine Viertelnote gespielt wird (Anmerkung: es lassen sich nicht nur Ganze, sondern auch Dezimalzahlen eingeben). Bei der Angabe von Tempozahlen, die größer als 8 sind, ändert sich die Taktgeschwindigkeit nicht mehr. Derartige Eingaben bewirken lediglich, daß Dauertöne kürzer werden, was subjektiv ein rascheres Tempo empfinden läßt. Die Dauer der Percussiontöne bleibt unbeeinflußt. Sie hängt von der Eigendauer der jeweiligen Klangschleife ab.

Nach der Eingabe des Tempos wird ein Tempofaktor berechnet, der mit der relativen Tondauer multipliziert die absolute Tondauer festlegt gemäß:

$$\text{Tondauer} = DF/TF * DA(Z) = TE * DA(Z)$$

Hierbei ist:

DF	Normierungsfaktor ca. 200 (ms)
TF	Tempo-Eingabe
TE	Tempofaktor = DF/TF
DA(Z)	relative Tondauer

3.2.1 Normierung der Tonlängen

Obwohl man die Tonlänge kontinuierlich variieren kann, ist es in der Musik üblich, nur Achtel-, Viertel-, halbe und ganze Noten zu verwenden.

Sofern man es wünscht und dies in der Eingabeaufforderung „Normierung?" (Zeile 610) zu erkennen gibt, kann der Programmabschnitt zwischen den Zeilen 635–700 (siehe **Flußdiagramm 3.4**) eine Normierung der Tonlängen durchführen. Das heißt, je nachdem, in welchem Bereich sich die eingegebene relative Tondauer befindet, wird DA(Z) ein Wert zugeordnet, der einer Achtel-, Viertel-, halben oder ganzen Note entspricht. Nun werden

Flußdiagramm 3.3

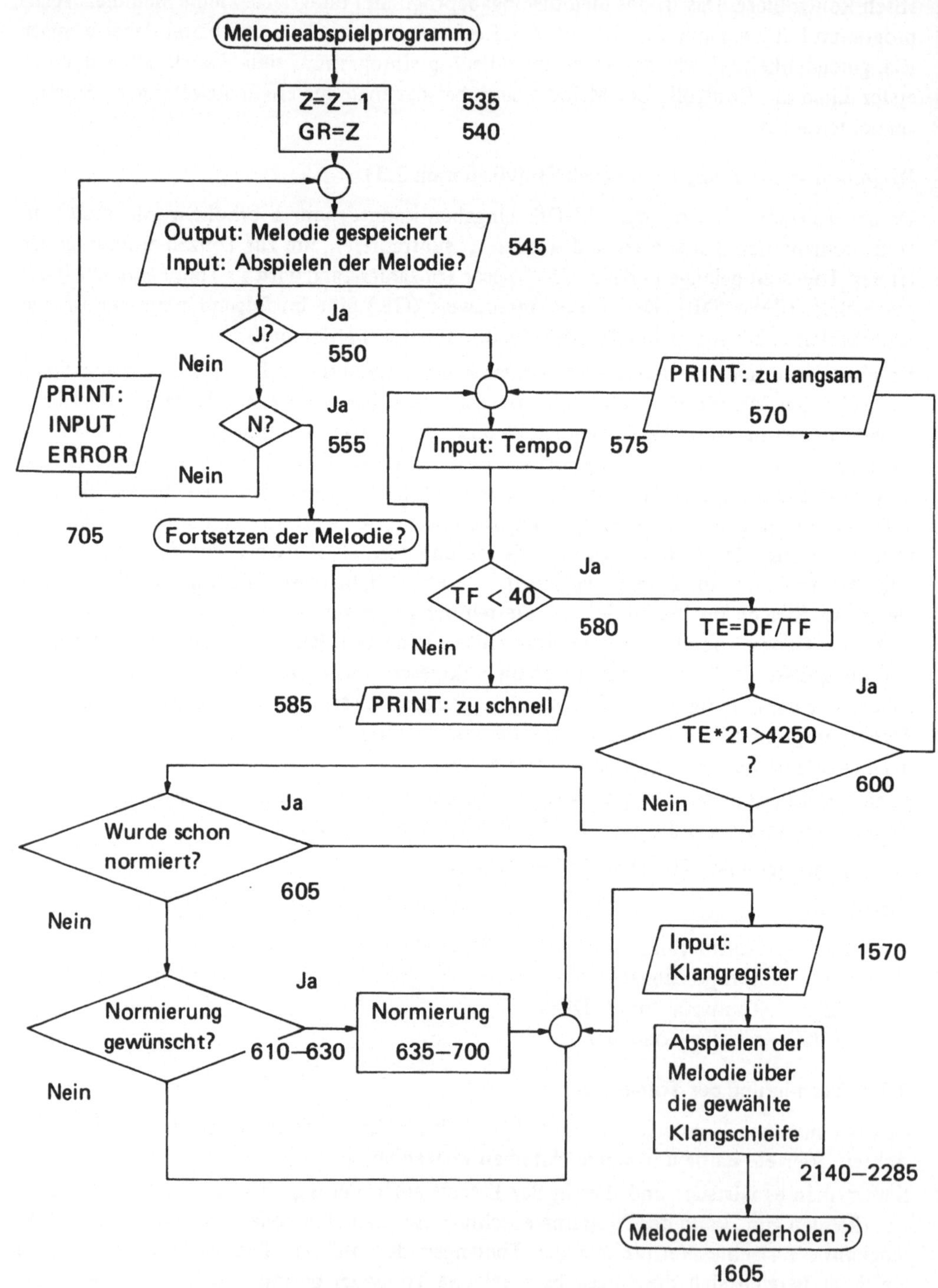

Flußdiagramm 3.4

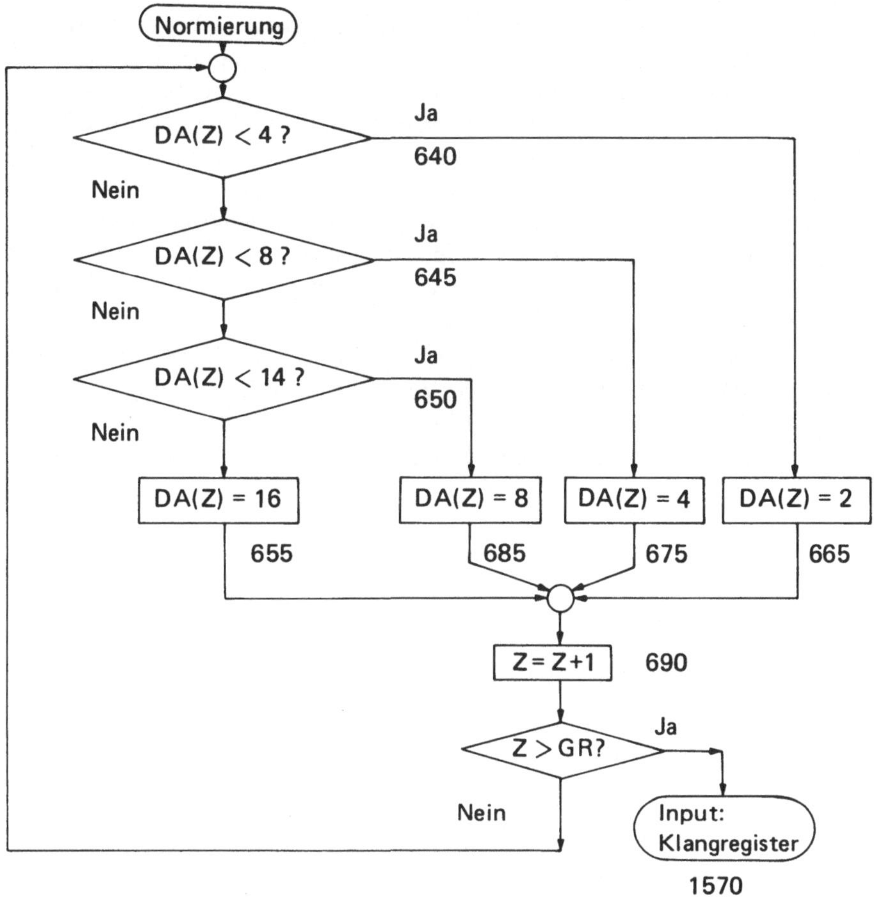

Sie vielleicht einwenden, daß man ja schon gleich die einheitlichen Tonlängen eingeben und sich daher die Normierung ersparen könnte. Das stimmt. Es kann jedoch vorkommen, daß man durch die Variation der Tonlängen (so wie es ein Musiker ja auch tut) eine persönliche Note in das Musikstück bringen will. Wenn man es sich anders überlegt und diese Variation wieder aufheben will, so kann dies durch Normierung geschehen. Weitaus mehr Bedeutung kommt der Normierung zu, wenn man die Melodie nicht direkt (**Methode A**), sondern durch das Spielen auf den Tasten (**Methode B**) eingibt. Da die Tastatur mechanisch träge und der Amateurmusiker laut Voraussetzung kein Virtuose ist, werden bei dieser Methode sehr unregelmäßige Tonlängen eingegeben. Dies würde sich, sofern man nicht normiert, sehr störend auf den Klang der Melodie auswirken.

3.2.2 Klangregisterauswahl

Die letzte Frage, die man vor dem Abspielen der Melodie noch beantworten muß, ist die Frage nach dem gewünschten Klang (Zeile 1570 im **Flußdiagramm 3.5**). Wie schon anfangs erwähnt wurde, hat das hier vorhandene kleine Melodieabspielprogramm nur Zugriff auf vier Klangregister. Sie wurden so ausgewählt, daß sie zum Testen aller üblichen Melodieeffekte ausreichen. Diese Register heißen: SCHWEBESOUND, SPINETT, TRISOUND und ZWEIKLANG. Das Schwebesoundregister liefert einen fülligen, verschwommenen Klang, während das Trisoundregister für einen klaren, reinen Ton sorgt. Das Spinettregister ist der Träger eines Percussionsklangs. Es spricht nicht auf Tonlängenangaben an. Mit Hilfe des Zweiklangregisters kann man zwei Melodien gleichzeitig abspielen (z.B. Kanon oder Singstimme und Begleitung etc., siehe dazu auch Abschnitt 3.4 e, Überschreiben der Melodie in die zweite Stimme).

Die Auswahl des Klangregisters erfolgt in der Art, daß man bei der Eingabeaufforderung „Klangregister :" (Zeile 1570) den Namen des gewünschten Registers eingibt. In den Zeilen 1575—1590 wird geprüft, ob diese Eingabe identisch mit einem der vier Registernamen ist. Sofern dies der Fall ist, erfolgt ein Sprung zur entsprechenden Klangschleife.

Flußdiagramm 3.5

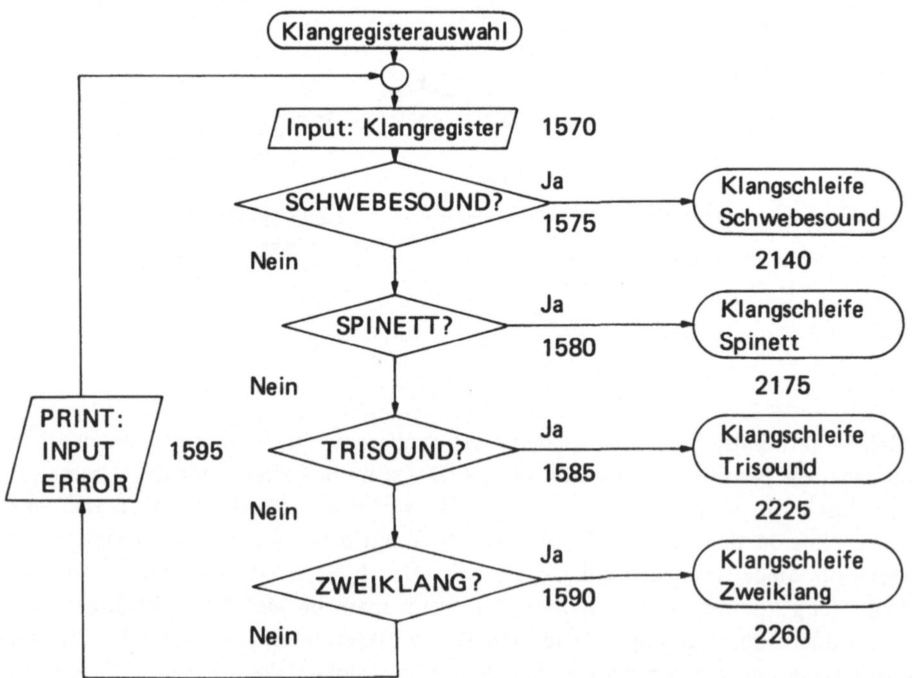

3.2.3 Klangschleifen

(Zeilen 2140–2285)

Eine Klangschleife ist eine FOR-NEXT-Schleife, die ein oder mehrere CALL-SOUND-Statements einschließt. Die Kontrollvariable dieser Schleife ist mit der Tonzählernummer identisch. Sie läuft mit einer Schrittlänge von 1 von $Z=1$ bis $Z=GR$ (GR: Nummer des letzten Tones der Melodie). Auf diese Weise werden in die CALL-SOUND-Statements der Reihe nach die Werte für die Dauer $DA(Z)$ und die Frequenz $W(Z)$ der Töne der Melodie eingetragen, so daß die Tonsequenz sukzessiv abgespielt wird. Nach dem Ende der Schleifendurchläufe erfolgt ein Sprung zur Frage: „Melodie wiederholen?" (Zeile 1605 im **Flußdiagramm 3.6**).

3.2.4 Wiederholung der Melodie

Will man die Melodie noch einmal abhören, braucht man die eben genannte Frage nur mit J zu beantworten. Man wird dann im folgenden (Zeilen 1630–1675) noch vor die Wahl gestellt, sich für dasselbe oder ein anderes Tempo und für denselben oder einen anderen Klang zu entscheiden.

Sollte man die Melodie nicht noch einmal hören wollen (Antwort N), so geht das Programm zur Eingabeaufforderung „Fortsetzen der Melodie?" (Zeile 705) über.

Einen Überblick über die verschiedenen Wege, die man in diesem Programmabschnitt einschlagen kann, geben die Flußdiagramme.

3.3 Melodieeingabe durch Spielen auf der Tastatur

Wie schon anfangs erwähnt wurde, kann man mit Hilfe des CALL-KEY-Statements die Computertastatur in eine Art Klaviertastatur umfunktionieren, auf der sich die Melodie in herkömmlicher Weise spielen läßt. Das CALL-KEY-Statement hat folgende Form:

CALL KEY (0, K, S)

Es bewirkt, daß der ASCII-Code jener Taste, die gerade gedrückt wird, wenn das Programm das CALL-KEY-Statement erreicht, im Speicher K gespeichert wird (K: Rückmelde-variable). Die Zahl 0 gibt den Tastenmodus an, was in diesem Zusammenhang nicht weiter wichtig ist. Im Speicher S (S: Statusvariable) werden folgende Werte gespeichert:

0 → Es wurde beim Erreichen des letzten CALL-KEY-Statements keine Taste gedrückt

+1 → Es wurde eine neue Taste gedrückt

−1 → Es wurde beim Erreichen des letzten CALL-KEY-Statements die selbe Taste gedrückt, wie beim vorletzten Mal

Die Tastatur soll zum Spielen der Melodie die in **Bild 9** gezeigte Form haben.

Das Programm zur Toneingabe nach der **Methode B** muß folgende Anforderungen erfüllen:

1. Der durch das CALL-KEY-Statement der Variablen K zugeordnete Zahlencode muß decodiert und der durch das Drücken einer bestimmten Taste zum Ausdruck gebrachte Befehl muß durchgeführt werden.

Flußdiagramm 3.6

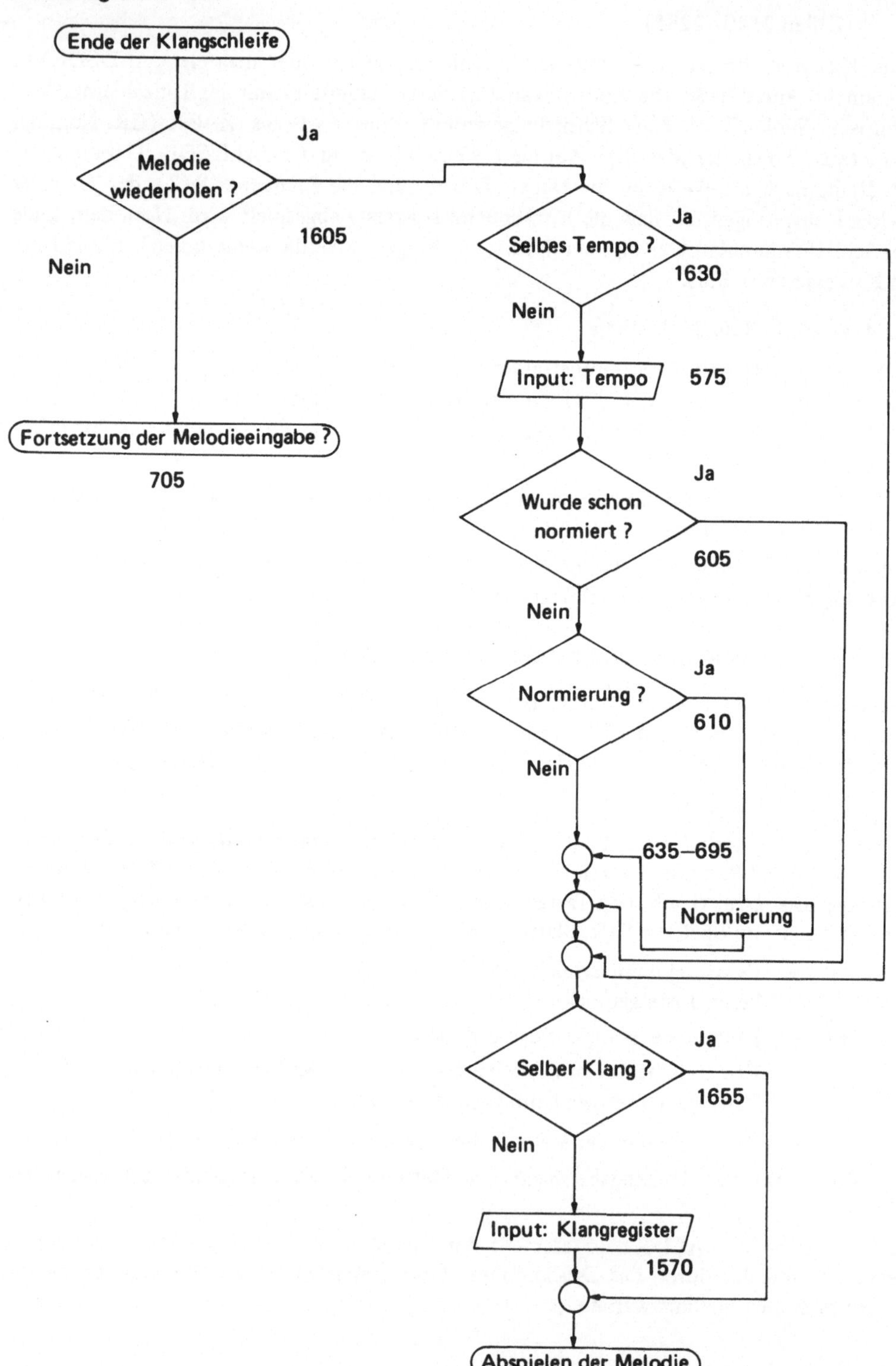

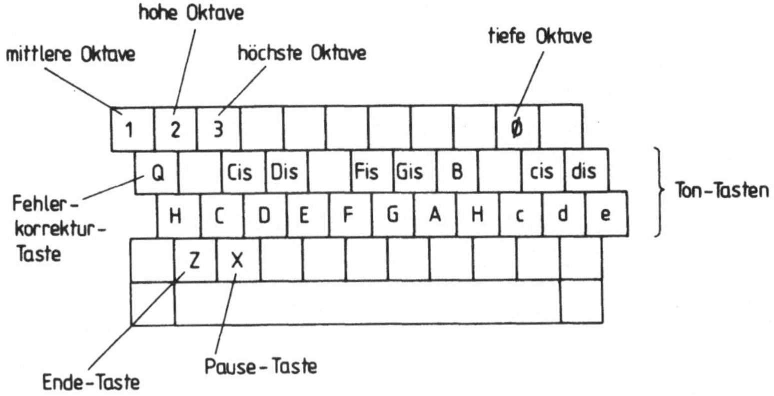

Bild 9 Tastaturbelegung zum Spielen von Melodien

Dieser Befehl lautet:

a) *Beim Drücken einer Ton-Taste.* Der Tonzähler wird um 1 weitergezählt. Es wird der Variablen W(Z) ein der Taste entsprechender Wert für die Tonfrequenz zugeordnet, der anschließend mit dem im Oktavregister gespeicherten Wert multipliziert wird, wodurch die absolute Tonfrequenz erhalten wird. Diese wird eingespeichert (in W(Z)) und auch in ein CALL-SOUND-Statement eingegeben, das den Ton zur akustischen Kontrolle abspielt.

b) *Beim Drücken einer Oktav-Taste.* Es wird dem Oktavregister (OK) ein Wert (0,5; 1; 2 oder 4) für die Oktavlage zugeordnet.

c) *Beim Drücken der Taste Q.* Der eben eingegebene Ton wird eliminiert.

d) *Beim Drücken der Taste X.* Der Tonzähler Z wird um 1 weitergezählt. W(Z) wird das Pausenzeichen 30000 zugeordnet, und ein hoher Ton (10 kHz) wird zur akustischen Kontrolle der Pauseneingabe abgespielt.

e) *Beim Drücken der Taste Z.* Ende der Melodieeingabe. Sprung zur Eingabeaufforderung: „Abspielen der Melodie?"

f) *Beim Drücken einer Taste ohne Funktion.* Es erklingt ein tiefer Ton (110 Hz), und der Ausdruck „Falsche Taste" erscheint auf dem Bildschirm. Der vorher um 1 weitergezählte Tonzähler wird wieder um 1 zurückgesetzt.

2. Beim Drücken einer Ton-Taste soll nicht nur die Art der Taste festgestellt werden, sondern auch bestimmt werden, wie lange die Taste gedrückt wird, damit daraus die Tonlänge (der Wert für DA(Z)) abgeleitet werden kann.

Die Lösung dieses Problemkomplexes läßt sich am leichtesten an Hand des Programmablaufplans überblicken. Die Tonlänge wird bei dieser Toneingabeschleife dadurch bestimmt, daß in der Zeile 2115 die Anzahl der Schleifendurchläufe während einer Toneingabe (Drücken einer Tontaste) gezählt wird. Der Kontrollton (Zeile 2120) erklingt, während das Programm weiterläuft. Dadurch erhält man das Gefühl, daß man auf einem richtigen Musikinstrument spielt. Die restlichen Programmabschnitte sind vom **Flußdiagramm 3.7** her unmittelbar einsichtig.

Flußdiagramm 3.7

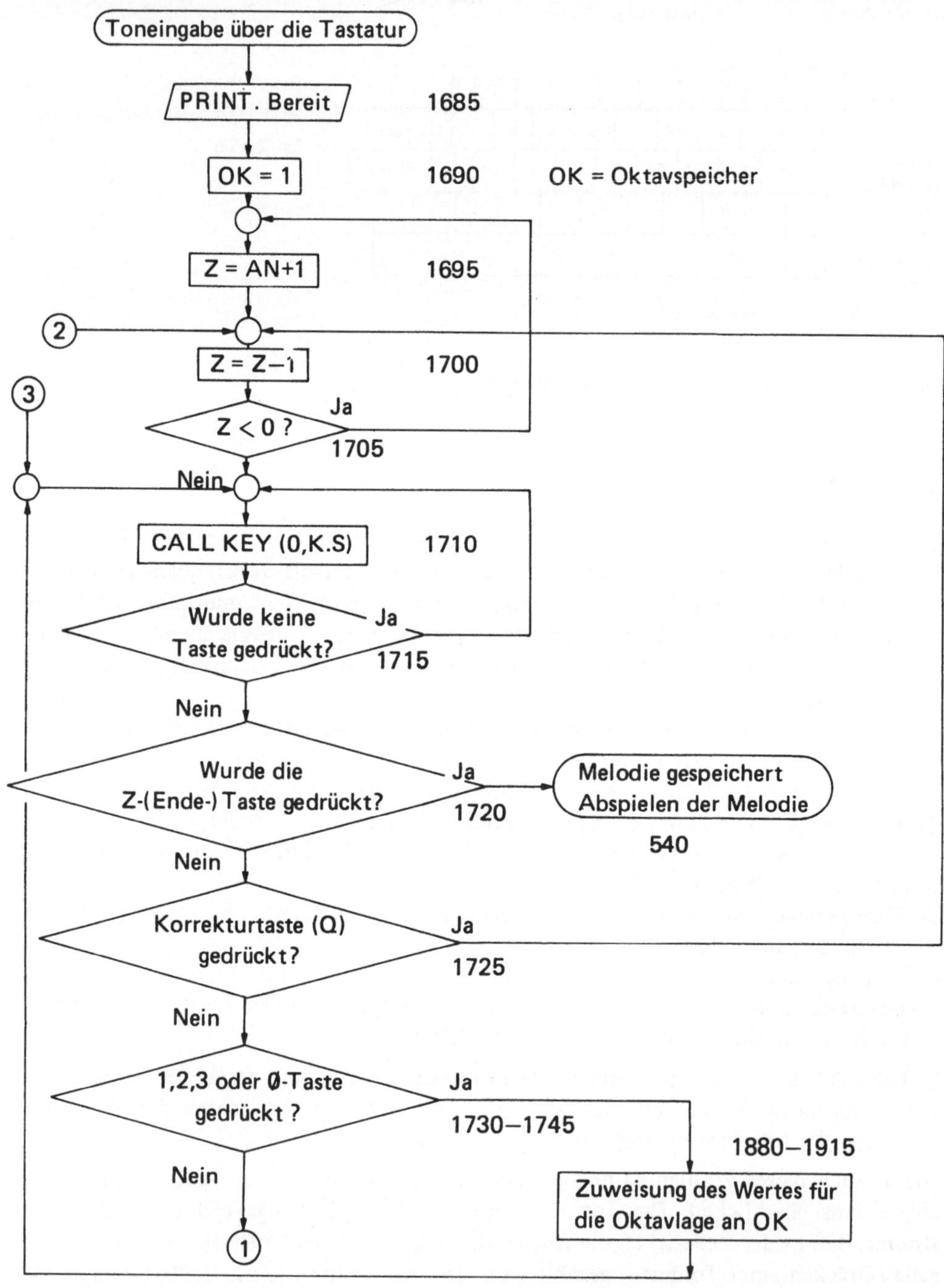

Fortsetzung Flußdiagramm 3.7

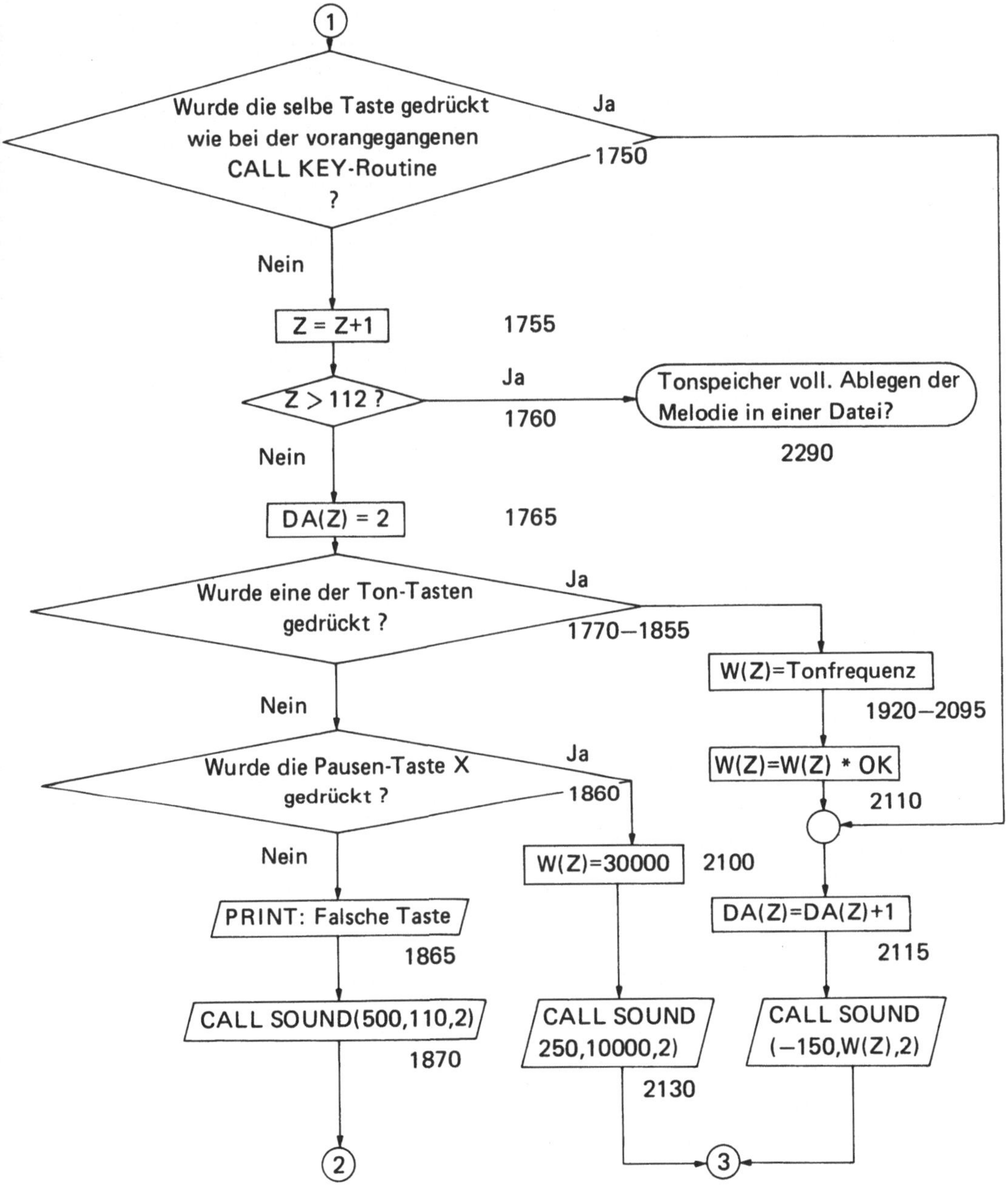

Flußdiagramm 3.8

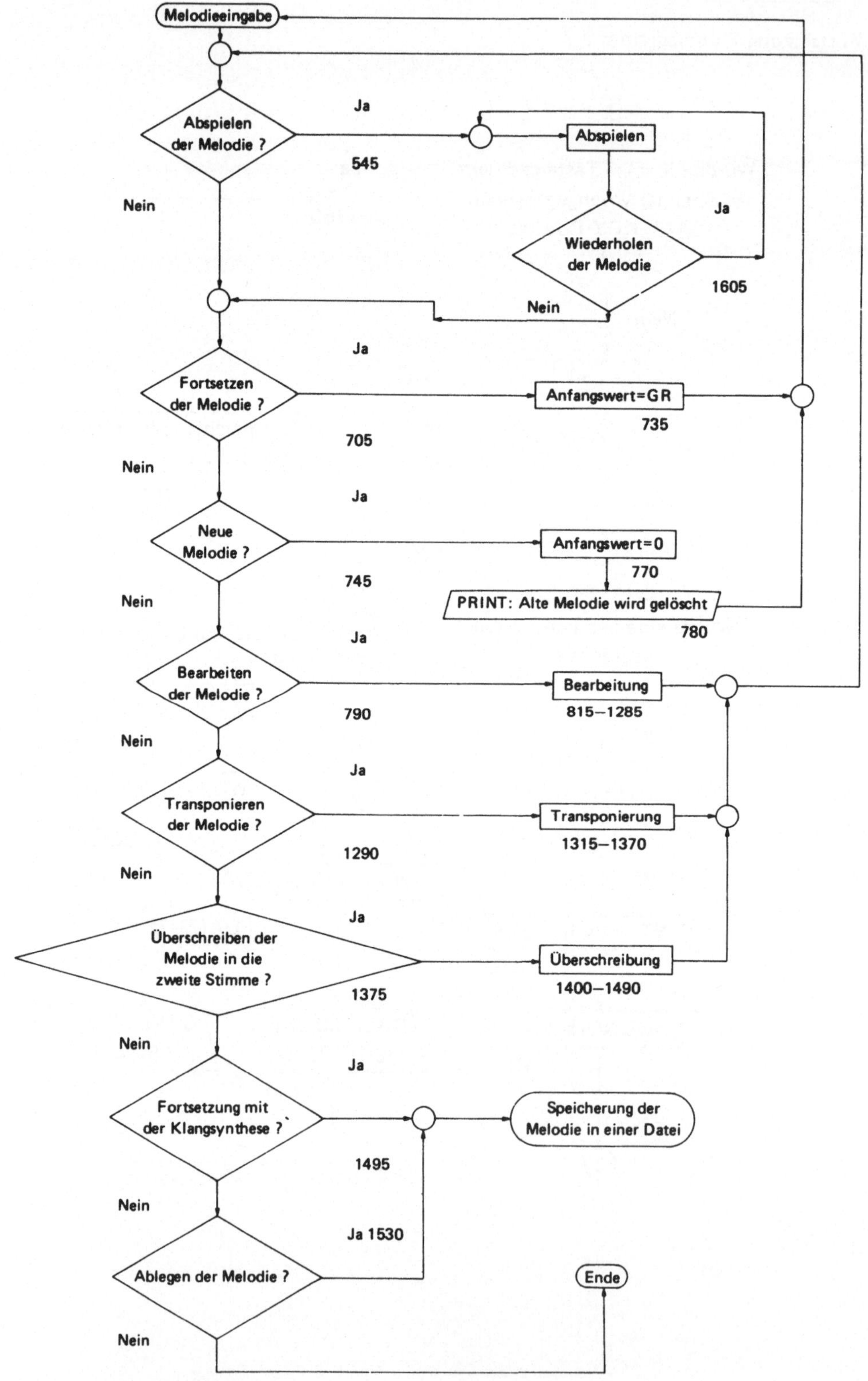

3.4 Bearbeitung der Melodie

Wenn man die Melodie eingegeben und zur Kontrolle einmal angehört hat, ist die Arbeit in der Regel noch nicht beendet. Man kann (oder muß) die Melodie korrigieren, transponieren, durch ein weiteres Melodiestück ergänzen oder in die zweite Stimme überschreiben.

a) *Fortsetzen der Melodie.* Wenn die eingegebene Melodie nur ein Teilstück einer längeren Melodie ist, so kann man sich in der Zeile 705 (siehe auch **Flußdiagramm 3.8**) für die Fortsetzung der Melodie entscheiden. Es wird dann dem Anfangswert (AN) die Tonzählernummer des letzten eingegebenen Tones (GR) zugeordnet, und es erfolgt ein Sprung zum Toneingabeprogrammabschnitt in dem die Toneingabe wie zuvor fortgesetzt werden kann.

b) *Neue Melodie.* Wenn sich beim Anhören der Melodie herausstellt, daß sie zu viele Fehler enthält, als daß sich eine Korrektur lohnen würde, kann man die Melodieeingabe auch wieder von ganz vorne beginnen (Zeile 745). Es wird dabei dem Anfangswert die Zahl 0 zugeordnet. Die alte Melodie wird bei der erneuten Melodieeingabe überschrieben, was einem Löschen gleichkommt. Dies gilt allerdings nur für die erste Stimme. Die zweite Stimme (V(Z)) ist davon nicht betroffen.

c) *Bearbeiten der Melodie.* Enthält die Melodie nur einige wenige Fehler, kann man diese leicht korrigieren. Der Einstiegspunkt in den Programmabschnitt zum Bearbeiten der Melodie ist die Eingabeaufforderung in Zeile 790. Wenn man die Frage „Bearbeiten der Melodie?" mit J beantwortet, wird die Tonzählernummer (Z) wieder auf 0 zurückgesetzt und jeder Ton der Reihe nach langsam abgespielt (siehe **Flußdiagramm 3.9**) Dabei werden auch gleichzeitig die Werte von Z, W(Z), V(Z) und DA(Z) auf dem Bildschirm aufgelistet (Zeile 840). Wenn die Enter-Taste permanent gedrückt wird, so werden die Töne kontinuierlich der Reihe nach abgespielt (Zeile 845). Läßt man diese Taste los, stopt man nach jedem Ton, und es erscheint jeweils die Eingabeaufforderung „Soll der nächste Ton gespielt werden?" (Zeile 855). Sofern man diese Frage mit N beantwortet, erscheint die nächste Eingabeaufforderung mit der Frage „Korrektur dieses Tones?" (Zeile 880). Wünscht man dies, so wird zunächst die Art des Tones und die Oktavlage aus der Frequenz des Tones (W(Z)) berechnet und zur leichteren Orientierung auf dem Bildschirm angezeigt (Zeilen 905–1055). Man geht dabei von folgendem Ansatz aus:

Tonfrequenz = 262 Hz $*$ Oktavlage $* 1{,}05946^n$ (siehe vorne)

n = ganze Zahl

n ist eindeutig umkehrbar auf die Art des Tones abbildbar

n = log (Frequenz des Tones/Frequenz von C)/log(1,05946)

In der tiefen Oktave besitzt n einen (im Rahmen der Rechengenauigkeit) ganzzahligen Wert von 0 bis 11. Diese Zahl gibt die Anzahl der Halbtonschritte an, um die der betreffende Ton von C entfernt ist(z.B. E ist 4 Halbtonschritte höher als C). Bei höheren Oktaven kommt zum Grundwert von n noch $m \times 12$ hinzu (m: ganze Zahl. Eine Oktave ist 12 Halbtonschritte lang).

Nach dem Ausdruck des Resultates (Zeile 1055) erfolgt ein Sprung in das Unterprogramm zur Toneingabe nach der **Methode A**, wo man anstelle des alten, falschen Tones die neue Note eingibt. Durch das Eintippen von ENDE springt man wieder aus dem

Flußdiagramm 3.9

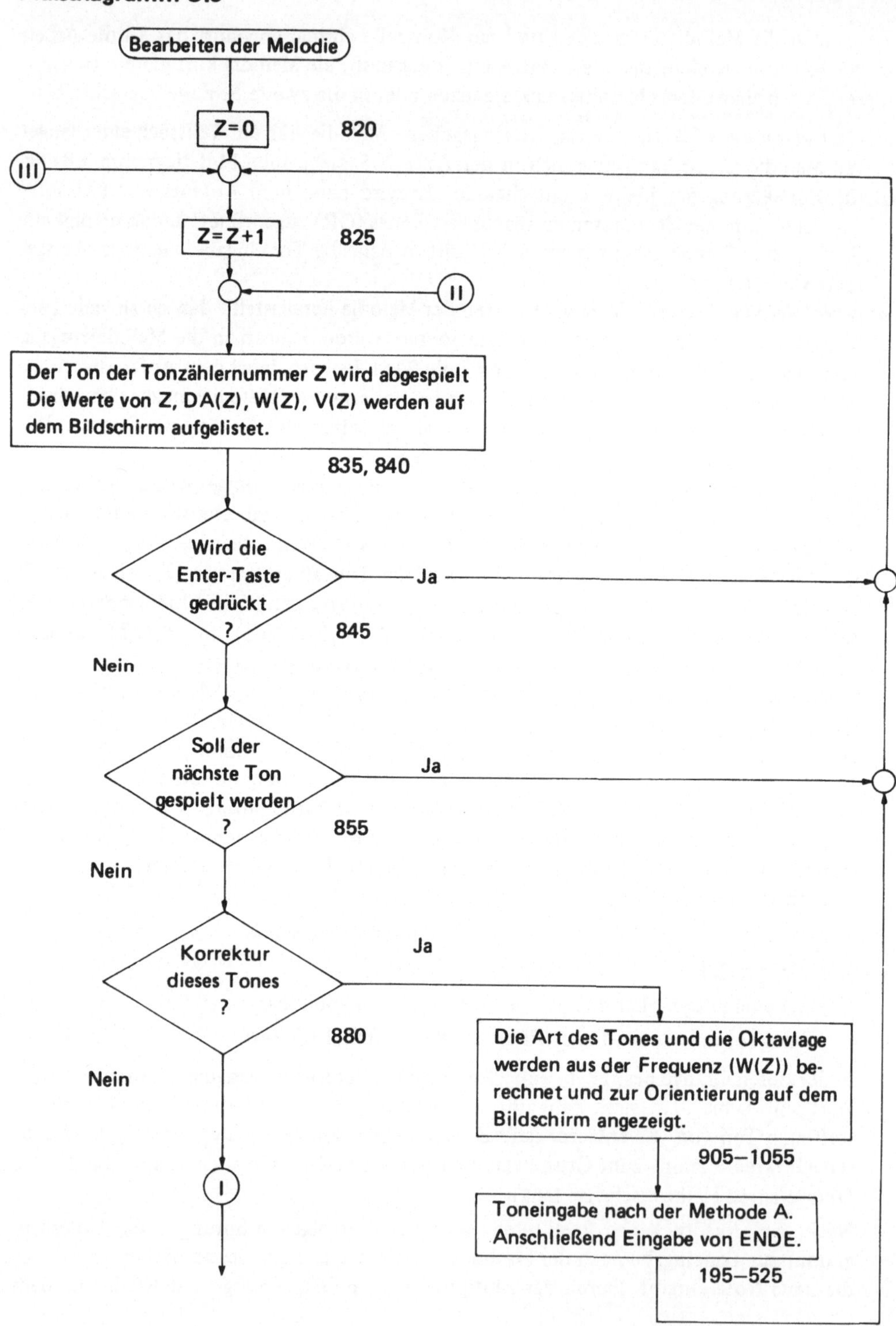

Fortsetzung Flußdiagramm 3.9

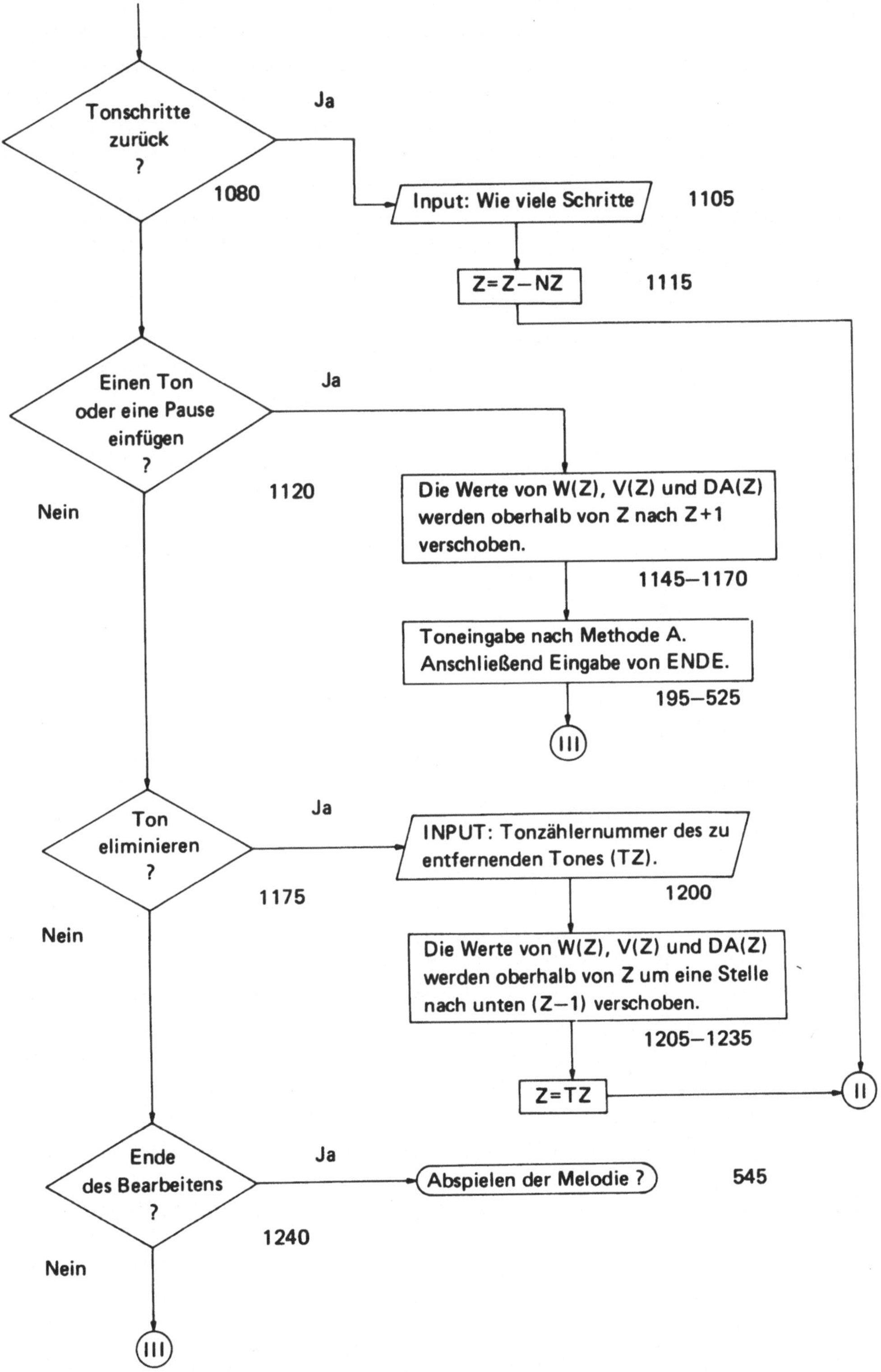

Toneingabeunterprogramm heraus in das Programm zur Bearbeitung, wo die neue Note zur akustischen Kontrolle abgespielt wird.

Nun zurück zur Frage „Korrektur dieses Tones?". Sollte man diese Frage nicht mit J, sondern mit N beantworten, gelangt man zur nächsten Eingabeaufforderung „Tonschritte zurück?". Hier kann man, wenn man das Abspielen der Melodie nicht schnell genug angehalten hat und der Fehler weiter zurückliegt, eine bestimmte (frei wählbare) Anzahl von Tonschritten zurückspringen, was durch einfaches Verringern des Tonzählers um die gewünschte Anzahl von Tonschritten geschieht.

Wenn man bei der Melodieeingabe einen Ton oder, was häufiger vorkommt, eine Pause vergessen hat, so kann man diese nachträglich noch einfügen (Zeile 1120). Dazu müssen zuerst alle Werte von W(Z), V(Z) und DA(Z), die zwischen Z und der Tonobergrenze liegen, um eine Stelle nach oben (nach Z+1) verschoben werden, damit an der Stelle Z ein Platz frei wird. In diesen Platz lassen sich, mit Hilfe des Toneingabeprogramms A, die Werte W(Z) und DA(Z) des neuen Tones (oder der Pause) einfügen. Anschließend erfolgt ein Rücksprung in das Programm zur Bearbeitung, wo der Ton zur akustischen Kontrolle abgespielt wird.

Es kann natürlich auch das umgekehrte Problem auftreten. Wenn ein Ton oder eine Pause zuviel in die Tonsequenz eingegeben wurde, muß diese überflüssige Note wieder eliminiert werden können (Zeile 1175). Dies geschieht auf folgendem Weg: In einer Eingabeaufforderung (Zeile 1200) wird nach der Tonzählernummer (TZ) des zu entfernenden Tones gefragt. Anschließend werden die Werte von W(Z), V(Z) und DA(Z) oberhalb von TZ jeweils um eine Stelle nach unten verschoben (Zeilen 1204–1235). Dadurch wird der Ton an der Stelle TZ überschrieben, ohne daß seine Werte in einem anderen (tiefer gelegenen) Platz gespeichert werden würden, wodurch er aus der Tonliste verschwindet. Nach dieser Änderung der Melodie wird der nun an der Stelle TZ stehende Ton zur akustischen Kontrolle abgespielt.

Wenn man sich bei der abschließenden Frage „Ende des Bearbeitens?" für J(a) entscheidet, erfolgt ein Sprung zur Eingabeaufforderung: „Abspielen der Melodie?", so daß einem nun die Gelegenheit geboten wird, die korrigierte Melodie akustisch auf ihre Tauglichkeit zu prüfen.

d) *Transponieren der Melodie.* Einem Musiker ist die Erkenntnis sehr geläufig, daß sich Melodien am leichtesten in C-Dur spielen lassen, da man dabei nur weiße Tasten benötigt und die schwarzen Tasten, deren Einbeziehung die Gefahr von Fehlgriffen stark erhöhen würde, ausschließen kann. Wenn die Melodie dennoch in z.B. Fis-Dur erklingen soll, so kann man durch eine einfache mathematische Operation die Melodie in die gewünschte Tonart transponieren lassen. Dazu werden einfach alle Frequenzen W(Z) und V(Z) mit einem bestimmten Zahlenfaktor multipliziert. Dieser Zahlenfaktor (TR) berechnet sich auf folgendem Weg:

$$TR = \frac{\text{Relative Frequenz des Grundtones der Tonart, in die die Transponierung erfolgen soll}}{\text{Relative Frequenz des Grundtones der Tonart, in der die Melodie eingegeben wurde}}$$

Die praktische Durchführung der Transponierung läßt sich leicht am **Flußdiagramm 3.10** ablesen.

Flußdiagramm 3.10

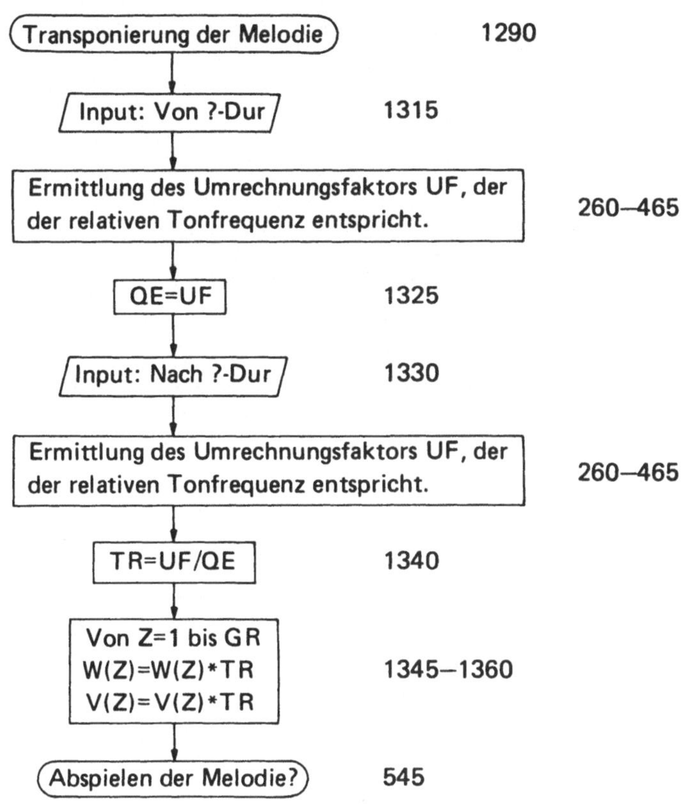

e) *Überschreibung der Melodie in die zweite Stimme.* Es ist manchmal wünschenswert, nicht nur eine Solostimme, sondern zwei Stimmen (z.B. Melodie und Begleitung) gleichzeitig vom Computer abspielen zu lassen. Man kann dabei so vorgehen, daß man zuerst die erste Melodie (bzw. die Begleitung) eingibt und diese durch das Überschreibungsprogramm in die zweite Stimme (in die Speicherplätze V(Z)) überschreiben läßt. Anschließend gibt man die zweite Melodie (über den Weg „Neue Melodie? —Ja") ein (es werden dadurch die Speicher W(Z) neu aufgefüllt). Beide Melodien können dann durch ein Register, das auf zwei Frequenzfelder anspricht, gleichzeitig abgespielt werden (Register, die nur auf ein Frequenzfeld ansprechen, spielen nur die Melodie ab, die in W(Z) steht). Die Überschreibung selbst erfolgt einfach dadurch, daß V(Z) die Werte von W(Z) zugewiesen werden. Das Programm sieht auch die Bildung eines Kanons als Wahlmöglichkeit vor (Anmmerkung: Ein Kanon entsteht, wenn dieselbe Melodie zweimal, jedoch zeitlich etwas versetzt, abgespielt wird). Man braucht zur Kanonbildung nur die Frage „Versetzung der Melodie?" mit J zu beantworten und die Anzahl der Tonschritte, um die die Versetzung erfolgen soll, eingeben. Die Werte von W(Z) werden dann nicht nach V(Z), sondern nach V(Z+VS) überschrieben (Zeilen 1430–1460). Da durch diese Maßnahme die zweite Melodie zwangsläufig länger dauert (um VS Tonschritte) als die erste Stimme, müssen den Tönen im Bereich von $Z=GR+1$ bis $Z=GR+VS$ noch eigene Dauerwerte $DA(Z)$ zugewiesen werden (Zeile 1465–1490). Einen Überblick über die Vorgehensweise bei der Überschreibung gibt **Flußdiagramm 3.11**.

Flußdiagramm 3.11

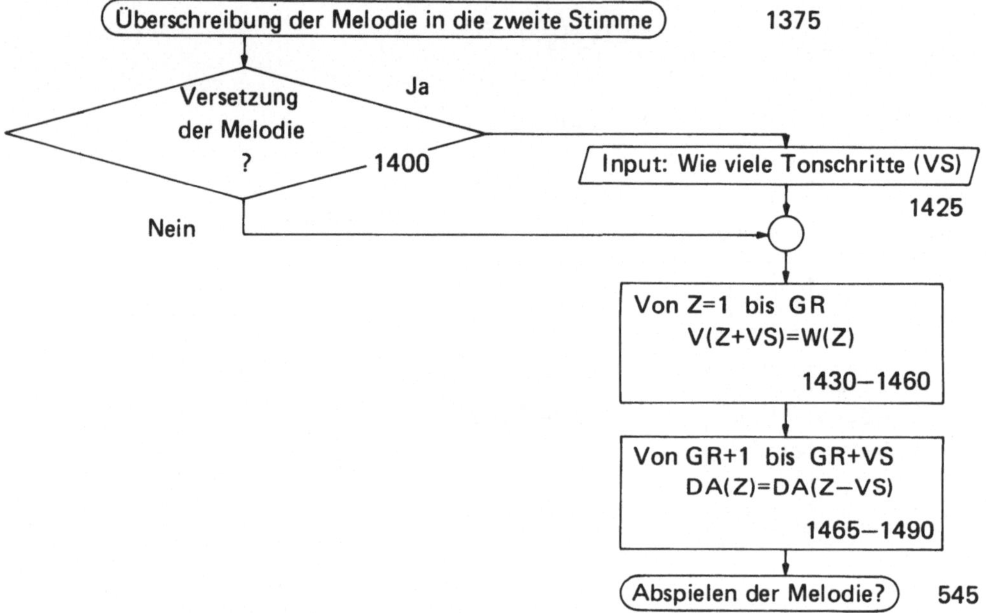

f) *Ablegen der Melodie in einer Datei.* Die Vorgehensweise beim Ablegen der Melodie in eine Datei und umgekehrt beim Einlesen einer Melodie aus einer Datei (Melodieeingabe nach der **Methode C**) ist aus den **Flußdiagrammen 3.12** und **3.13** unmittelbar ersichtlich. Das dazugehörige Programm steht zwischen den Zeilen 2290 und 2410. Es braucht bei den entsprechenden Dateinummer-Eingabeaufforderungen lediglich die Dateinummer (Wert zwischen 1 und 255) eingegeben und der Cassettenrecorder laut Bildschirminstruktionen bedient zu werden. Alles übrige erledigt der Computer.

Flußdiagramm 3.12

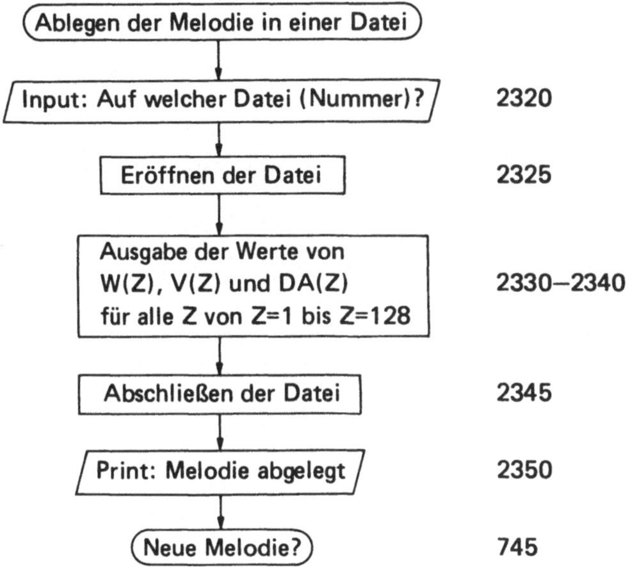

Flußdiagramm 3.13

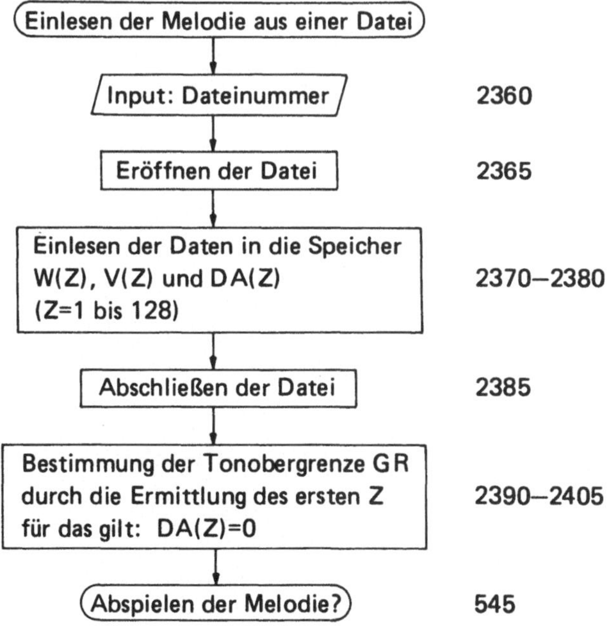

3.5 Programmauflistung

```
10      DIM T(12)
15      DIM W(128)
20      DIM V(128)
25      DIM DA(128)
30      LET DF=200
35      LET I$="INPUT ERROR. Druecken Sie  J  fuer Ja   N  fuer Nein"
40      CALL CLEAR
45      PRINT "Melodieeingabeprogramm":::::::
50      REM Gleichmaessig temperierte Tonleiter
55      LET T(1)=1
60      FOR S=2 TO 12
65      LET T(S)=T(S-1)*1.05946
70      NEXT S
75      LET C=1
80      LET CIS=T(2)
85      LET D=T(3)
90      LET DIS=T(4)
95      LET E=T(5)
100     LET F=T(6)
105     LET FIS=T(7)
110     LET G=T(8)
115     LET GIS=T(9)
120     LET A=T(10)
125     LET B=T(11)
130     LET H=T(12)
135     INPUT "Melodieeingabe
                (A) Direkt
                (B)  Ueber die Tastatur
                (C)  Datei  " : W$
140     IF W$="A" THEN 170
145     IF W$="B" THEN 1685
150     IF W$="C" THEN 2360
155     PRINT "INPUT ERROR.A oder B oder C"
160     GO TO 135
165     REM Toneingabe
170     LET Z=AN
175     GOSUB 185
180     GO TO 535
185     LET Z=Z+1
190     IF Z>112 THEN 2290
195     PRINT "Tonzaehler = ";Z:
200     INPUT "Ton = ":T$
205     GO TO 250
210     INPUT "Oktave = ": 0
```

```
215     GO TO 470
220     INPUT "Dauer = ":DA(Z)
225     IF DA(Z)<21 THEN 240
230     PRINT "INPUT ERROR (Dauer)"
235     GO TO 220
240     CALL SOUND(DA(Z)*200,W(Z),2)
245     GO TO 185
250     IF T$="ENDE" THEN 465
255     IF T$="P" THEN 330
260     IF T$="C" THEN 340
265     IF T$="CIS" THEN 350
270     IF T$="D" THEN 360
275     IF T$="DIS" THEN 370
280     IF T$="E" THEN 380
285     IF T$="F" THEN 390
290     IF T$="FIS" THEN 400
295     IF T$="G" THEN 410
300     IF T$="GIS" THEN 420
305     IF T$="A" THEN 430
310     IF T$="B" THEN 440
315     IF T$="H" THEN 450
320     PRINT "INPUT ERROR (Ton)"
325     GO TO 200
330     LET W(Z)=30000
335     GO TO 220
340     LET UP=1
345     GO TO 455
350     LET UF=CIS
355     GO TO 455
360     LET UF=D
365     GO TO 455
370     LET UF=DIS
375     GO TO 455
380     LET UF=E
385     GO TO 455
390     LET UF=F
395     GO TO 455
400     LET UF=FIS
405     GO TO 455
410     LET UF=G
415     GO TO 455
420     LET UF=GIS
425     GO TO 455
430     LET UF=A
435     GO TO 455
```

```
440   LET UF=B
445   GO TO 455
450   LET UF=H
455   IF TS$="J" THEN 465
460   GO TO 210
465   RETURN
470   IF 0=0.25 THEN 520
475   IF 0=0.5 THEN 520
480   IF 0=1 THEN 520
485   IF 0=2 THEN 520
490   IF 0=4 THEN 520
495   IF 0=8 THEN 520
500   IF 0=16 THEN 520
505   IF 0=32 THEN 520
510   PRINT "INPUT ERROR (Oktave)"
515   GO TO 210
520   LET W(Z)=UF*0*262
525   GO TO 220
530   REM GR= endgueltige Zahl der Toene
535   LET Z=Z-1
540   LET GR=Z
545   INPUT "Melodie eingespeichert.  Abspielen der Melodie?" :A$
550   IF A$ ="J" THEN 575
555   IF A$ ="N" THEN 705
560   PRINT I$ ::
565   GO TO 545
570   PRINT "Zu langsam"
575   INPUT "Tempo ?": TF
580   IF TF < 40 THEN 595
585   PRINT "Zu schnell"
590   GO TO 575
595   LET TE=DF/TF
600   IF TE*21 >4250 THEN 570
605   IF N$ ="J" THEN 695
610   INPUT "Normierung ?":N$
615   IF N$ ="J" THEN 635
620   IF N$ ="N" THEN 695
625   PRINT I$ ::
630   GO TO 610
635   FOR Z=1 TO GR
640   IF DA(Z) < 4 THEN 665
645   IF DA(Z) < 8 THEN 675
650   IF DA(Z) < 14 THEN 685
655   LET DA(Z)=16
660   GO TO 690
```

```
665     LET DA(Z)=2
670     GO TO 690
675     LET DA(Z)=4
680     GO TO 690
685     LET DA(Z)=8
690     NEXT Z
695     IF TE$ ="N" THEN 1655
700     GOSUB 1565
705     INPUT "Fortsetzung der Melodie?":B$
710     IF B$ ="J" THEN 730
715     IF B$ ="N" THEN 745
720     PRINT I$ ::
725     GO TO 705
730     LET N$=" "
735     LET AN=GR
740     GO TO 135
745     INPUT "Neue Melodie?":C$
750     IF C$ ="J" THEN 770
755     IF C$ ="N" THEN 790
760     PRINT I$ ::
765     GO TO 745
770     LET AN=0
775     LET N$=" "
780     PRINT "Alte Melodie wird geloescht"
785     GO TO 135
790     INPUT "Bearbeiten der Melodie?":ED$
795     IF ED$ ="J" THEN 815
800     IF ED$ ="N" THEN 1290
805     PRINT I$ ::
810     GO TO 790
815     LET N$ =" "
820     LET Z=0
825     LET Z=Z+1
830     IF DA(Z)=0  THEN 1240
835     CALL SOUND(-200*DA(Z),W(Z),2)
840     PRINT "Z= ".Z,"DA(Z)= ";DA(Z),"W(Z)= ";W(Z),"V(Z)= ";V(Z) ::
845     CALL KEY (0,KE,SE)
850     IF KE=13 THEN 825
855     INPUT "Naechster Ton?":NT$
860     IF NT$ ="J" THEN 825
865     IF NT$ ="N" THEN 880
870     PRINT I$ ::
875     GO TO 855
880     INPUT "Korrektur dieses Tones?":KE$
885     IF KE$="J" THEN 905
```

```
890    IF KE$="N" THEN 1080
895    PRINT I$ ::
900    GO TO 880
905    LET NN=LOG((W(Z)/131))/0.05775
910    LET OV=0
915    IF NN < 11.9 THEN 935
920    LET NN=NN-12
925    LET OV=OV+1
930    GO TO 915
935    ON NN+1  GO TO 940,950,960,970,980,990,1000,1010,1020,1030,1040,1050
940    LET U$="C"
945    GO TO 1055
950    LET U$="CIS"
955    GO TO 1055
960    LET U$="D"
965    GO TO 1055
970    LET U$="DIS"
975    GO TO 1055
980    LET U$="E"
985    GO TO 1055
990    LET U$="F"
995    GO TO 1055
1000   LET U$="FIS"
1005   GO TO 1055
1010   LET U$="G"
1015   GO TO 1055
1020   LET U$="GIS"
1025   GO TO 1055
1030   LET U$="A"
1035   GO TO 1055
1040   LET U$="B"
1045   GO TO 1055
1050   LET U$="H"
1055   PRINT "Ton =": U$
1060   GOSUB 195
1065   LET Z=Z-2
1070   LET GR=GR+1
1075   GO TO 825
1080   INPUT "Tonschritte zurueck?":TZ$
1085   IF TZ$ ="J" THEN 1105
1090   IF TZ$ ="N" THEN 1120
1095   PRINT I$ ::
1100   GO TO 1080
1105   INPUT "Wie viele Schritte?":NZ
1110   LET Z=Z-NZ
```

```
1115      GO TO 830
1120      INPUT "Einen Ton (oder Pause) einfuegen?":TP$
1125      IF TP$ ="J" THEN 1145
1130      IF TP$ ="N" THEN 1175
1135      PRINT I$ ::
1140      GO TO 1120
1145      FOR Z=GR+1  TO Z+1 STEP −1
1150      LET W(Z)=W(Z−1)
1155      LET V(Z)=V(Z−1)
1160      LET DA(Z)=DA(Z−1)
1165      NEXT Z
1170      GO TO 905
1175      INPUT "Ton eliminieren?":EL$
1180      IF EL$ ="J" THEN 1200
1185      IF EL$ = "N" THEN 1240
1190      PRINT I$ ::
1195      GO TO 1175
1200      INPUT "Tonzaehlernummer =":TZ
1205      FOR Z=TZ TO GR
1210      LET W(Z)=W(Z+1)
1215      LET V(Z)=V(Z+1)
1220      LET DA(Z)=DA(Z+1)
1225      NEXT Z
1230      LET Z=TZ
1235      GO TO 830
1240      INPUT "Ende des Bearbeitens?":EE$
1245      IF EE$ ="J" THEN 535
1250      IF EE$ ="N" THEN 1265
1255      PRINT I$ ::
1260      GO TO 1240
1265      IF DA(Z)<>0 THEN 825
1270      INPUT "Melodieende.Tonschritte zurueck?":ME$
1275      IF ME$ ="J" THEN 1105
1280      PRINT "Was wollen Sie eigentlich?"
1285      GO TO 1240
1290      INPUT "Transponieren der Melodie?":TS$
1295      IF TS$ ="J" THEN 1315
1300      IF TS$ ="N" THEN 1375
1305      PRINT I$ ::
1310      GO TO 1290
1315      INPUT "Von ?-Dur ":T$
1320      GOSUB 260
1325      LET QE=UF
1330      INPUT "Nach ?-Dur ":T$
1335      GOSUB 260
1340      LET TR=UF/QE
```

```
1345     FOR Z=1 TO GR
1350     LET W(Z)=W(Z)*TR
1355     LET V(Z)=V(Z)*TR
1360     NEXT Z
1365     LET TS$=" "
1370     GO TO 535
1375     INPUT "Ueberschreiben der Melodie in die zweite Stimme?":UE$
1380     IF UE$ ="J" THEN 1400
1385     IF UE$ ="N" THEN 1495
1390     PRINT I$ ::
1395     GO TO 1375
1400     INPUT "Versetzen der Melodie?(Kanon)":V$
1405     IF V$ ="J" THEN 1425
1410     IF V$ ="N" THEN 1430
1415     PRINT I$ ::
1420     GO TO 1400
1425     INPUT "Wie viele Tonschritte?":VS
1430     FOR Z=1 TO GR+VS
1435     IF W(Z)<>0 THEN 1445
1440     LET W(Z)=25000
1445     IF V(Z)<>0 THEN 1455
1450     LET V(Z)=25000
1455     LET V(Z+VS)=W(Z)
1460     NEXT Z
1465     FOR Z= GR+1 TO GR+VS
1470     LET DA(Z)=DA(Z-VS)
1475     NEXT Z
1480     LET Z=Z-1
1485     LET VS=0
1490     GO TO 540
1495     INPUT "Wollen Sie mit der Klangsynthese fortsetzen?":D$
1500     IF D$ ="J" THEN 1520
1505     IF D$ ="N" THEN 1530
1510     PRINT I$ ::
1515     GO TO 1495
1520     PRINT "Legen Sie die Melodie in einer Datei ab und lesen Sie das
                 Klangsyntheseprogramm ein"::
1525     GO TO 2320
1530     INPUT "Wollen Sie die Melodie in einer Datei speichern?":DS$
1535     IF DS$ ="J" THEN 2320
1540     IF DS$ ="N" THEN 1555
1545     PRINT I$ ::
1550     GO TO 1530
1555     PRINT "PROGRAMMENDE"
1560     END
```

```
1565      REM Melodieabspielprogramm
1570      INPUT "Klangregister :" K$
1575      IF K$ ="SCHWEBESOUND" THEN 2140
1580      IF K$ ="SPINETT" THEN 2175
1585      IF K$ ="TRISOUND" THEN 2225
1590      IF K$ ="ZWEIKLANG" THEN 2260
1595      PRINT "INPUT ERROR"
1600      GO TO 1570
1605      INPUT "Melodie wiederholen?":E$
1610      IF E$ ="J" THEN 1630
1615      IF E$ ="N" THEN 705
1620      PRINT I$ ::
1625      GO TO 1605
1630      INPUT "Selbes Tempo?":TE$
1635      IF TE$ ="J" THEN 1655
1640      IF TE$ ="N" THEN 575
1645      PRINT I$ ::
1650      GO TO 1630
1655      INPUT "Selber Klang?":F$
1660      IF F$ ="J" THEN 1575
1665      IF F$ ="N" THEN 1570
1670      PRINT I$ ::
1675      GO TO 1655
1680      REM Toneingabe ueber die Tastatur
1685      PRINT "Bereit"
1690      LET 0K=1
1695      LET Z=AN+1
1700      LET Z=Z-1
1705      IF Z < 0 THEN 1695
1710      CALL KEY(0,K,S)
1715      IF S=0 THEN 1710
1720      IF K=122 THEN 540
1725      IF K=113 THEN 1700
1730      IF K=49 THEN 1880
1735      IF K=50 THEN 1890
1740      IF K=51 THEN 1900
1745      IF K=48 THEN 1910
1750      IF S=-1 THEN 2115
1755      LET Z=Z+1
1760      IF Z >112 THEN 2290
1765      LEFT DA(Z)=2
1770      IF K=101 THEN 1920
1775      IF K=114 THEN 1930
170       IF K=121 THEN 1940
1785      IF K=117 THEN 1950
```

```
1790    IF K=105 THEN 1960
1795    IF K=112 THEN 1970
1800    IF K=47 THEN 1980
1805    IF K=97 THEN 1990
1810    IF K=115 THEN 2000
1815    IF K=100 THEN 2010
1820    IF K=102 THEN 2020
1825    IF K=103 THEN 2030
1830    IF K=104 THEN 2040
1835    IF K=106 THEN 2050
1840    IF K=107 THEN 2060
1845    IF K=108 THEN 2070
1850    IF K=59 THEN 2080
1855    IF K=13 THEN 2090
1860    IF K=120 THEN 2100
1865    PRINT "Falsche Taste"
1870    CALL SOUND(500,110,2)
1875    GO TO 1700
1880    LET 0K=1
1885    GO TO 1710
1890    LET 0K=2
1895    GO TO 1710
1900    LET 0K=4
1905    GO TO 1710
1910    LET 0K=0.5
1915    GO TO 1710
1920    LET W(Z)=277
1925    GO TO 2110
1930    LET W(Z)=311
1935    GO TO 2110
1940    LET W(Z)=370
1945    GO TO 2110
1950    LET W(Z)=415
1955    GO TO 2110
1960    LET W(Z)=466
1965    GO TO 2110
1970    LET W(Z)=554
1975    GO TO 2110
1980    LET W(Z)=622
1985    GO TO 2110
1990    LET W(Z)=247
1995    GO TO 2110
2000    LET W(Z)=262
2005    GO TO 2110
2010    LET W(Z)=294
```

```
2015    GO TO 2110
2020    LET W(Z)=330
2025    GO TO 2110
2030    LET W(Z)=349
2035    GO TO 2110
2040    LET W(Z)=392
2045    GO TO 2110
2050    LET W(Z)=440
2055    GO TO 2110
2060    LET W(Z)=494
2065    GO TO 2110
2070    LET W(Z)=523
2075    GO TO 2110
2080    LET W(Z)=587
2085    GO TO 2110
2090    LET W(Z)=659
2095    GO TO 2110
2100    LET W(Z)=30000
2105    GO TO 2130
2110    LET W(Z)=W(Z)*OK
2115    LET DA(Z)=DA(Z+1)
2120    CALL SOUND(-150,W(Z),2)
2125    GO TO 1710
2130    CALL SOUND(250,10000,2)
2135    GO TO 1710
2140    FOR Z=1 TO GR
2145    IF W(Z)=30000 THEN 2165
2150    CALL SOUND(DA(Z)*TE,W(Z),2W(Z)*2,2W(Z)*3,2)
2155    NEXT Z
2160    GO TO 1605
2165    CALL SOUND(DA(Z)*TE,W(Z),9)
2170    GO TO 2155
2175    FOR Z=1 TO GR
2180    IF W(Z)=30000 THEN 2215
2185    CALL SOUND(-50,W(Z),1,2*W(Z),3)
2190    CALL SOUND(-50,W(Z),4,2*W(Z),6)
2195    CALL SOUND(-40,W(Z),8,2*W(Z),12)
2200    CALL SOUND(-40,W(Z),15,2*W(Z),20)
2205    NEXT Z
2210    GO TO 1605
2215    CALL SOUND(DA(Z)*TE,W(Z),9)
2220    GO TO 2205
2225    FOR Z=1 TO GR
2230    IF W(Z)=30000 THEN 2250
2235    CALL SOUND(DA(Z)*TE,W(Z),2,3*W(Z),3,5*W(Z),3)
```

```
2240    NEXT Z
2245    GO TO 1605
2250    CALL SOUND(DA(Z)+TE,W(Z),9)
2255    GO TO 2240
2260    FOR Z=1 TO GR
2265    IF V(Z)<>0 THEN 2275
2270    LET V(Z)=25000
2275    CALL SOUND(DA(Z)*TE,W(Z),2,V(Z),2)
2280    NEXT Z
2285    GO TO 1605
2290    INPUT "Tonspeicher voll
                Ablegen in einer Datei?":DT$
2295    LET GR=Z
2300    IF DT$ ="J" THEN 2320
2305    IF DT$ ="N" THEN 540
2310    PRINT I$ ::
2315    GO TO 2290
2320    INPUT "Auf welcher Datei (Nummer)?":DN
2325    OPEN#DN:"CS1",INTERNAL,OUTPUT,FIXED 128
2330    FOR Z=1 TO 125 STEP 4
2335    PRINT#DN:W(Z),V(Z),DA(Z),W(Z+1),V(Z+1),DA(Z+1),W(Z+2),V(Z+2),
                DA(Z+2),W(Z+3),V(Z+3),DA(Z+3)
2340    NEXT Z
2345    CLOSE#DN
2350    PRINT "Melodie abgelegt"
2355    GO TO 745
2360    INPUT "Dateinummer=":DN
2365    OPEN#DN:"CS1",INTERNAL,INPUT,FIXED 128
2370    FOR Z=1 TO 125 STEP 4
2375    INPUT#DN:W(Z),V(Z),DA(Z),W(Z+1),V(Z+1),DA(Z+1),W(Z+2),V(Z+2),
                DA(Z+2),W(Z+3),V(Z+3),DA(Z+3)
2380    NEXT Z
2385    CLOSE#DN
2390    FOR Z=1 TO 128
2395    IF DA(Z)=0 THEN 2405
2400    NEXT Z
2405    LET Z=Z-1
2410    GO TO 540
```

4 Melodieabspielprogramm für konstante Töne

4.1 Aufgabenstellung

Das Melodieabspielprogramm muß drei Funktionen erfüllen:

1. Es muß die Daten für die Register und Melodien aufnehmen und speichern.
2. Es muß die zum Abspielen der Melodie nötigen Zusatzinformationen (Sequenz der Melodien, Tempo, Register und Zeitpunkt des Startes) vom Programmanwender erfragen.
3. Es muß die einzelnen Melodien in der eingegebenen Sequenz und im Klang des momentan gerade eingegebenen Registers über eine Klangschleife, unter Berücksichtigung aller Pausen, im gewünschten Tempo abspielen.

4.2 Datenspeicherung

Damit eine möglichst lange Melodie gespeichert werden kann, sollte das Programm selbst nicht allzu lang sein und nur wenig Speicherplatz beanspruchen. Das im folgenden beschriebene Programm (**Flußdiagramm 4.1**) bietet (bei einer Zugrundelegung von 16 Kbyte Speicherplatz) die Möglichkeit, 10 Register und drei Melodien mit maximal 384 Tönen zu speichern. Das Einlesen der Daten erfolgt auf dieselbe Weise wie zuvor das Ablegen der Daten in der Datei, mit dem Unterschied, daß die PRINT-Statements durch INPUT-Statements ersetzt werden.

4.3 Abfragen der Zusatzinformationen

a) Sequenz der Melodien

Ein Musikstück baut sich in der Regel aus mehreren Sequenzen auf, die mehrere Male wiederholt werden. Das heißt, nach der Ouvertüre folgt in der Regel der Vers, dann der Refrain, dann wieder der Vers usw.. Gibt man die drei Melodien in Form von Ouvertüre, Vers und Refrain ein, kann man durch geschickte Verkettung dieser drei Melodieabschnitte sehr lange Tonfolgen (4—10 Minuten) erzeugen, ohne den Speicher zu überlasten.

Die Eingabe der Melodiesequenz ist recht einfach (Zeilen 240—295 in Abschnitt 4.5) Man gibt nach der entsprechenden Eingabeaufforderung eine Folge von Melodienummern ein (z.B. 1 ENTER 2 ENTER 3 ENTER 2 ENTER etc.). Die eingegebenen Werte werden in $S(Q)$ gespeichert (Q: Sequenznummer). Beim Abspielen der Melodie werden die Sequenzen der Reihe nach abgespielt. Dazu wird, je nachdem ob der Wert von $S(Q)$ 1, 2 oder 3 ist, die untere (UG) und obere (OG) Grenze des Tonzählers Z auf die Anfangs- bzw. Endwerte der 1., 2. oder 3. Melodie gesetzt und somit die Tonfolge der 1., 2. oder 3. Melodie in der Klangschleife (Zeile 450) abgespielt. Es ist möglich, maximal 24 Sequenzen einzugeben. Damit lassen sich maximal $24 \times 128 = 3072$ Töne (ca. 10—15 Minuten) abspielen.

Flußdiagramm 4.1

Melodieabspielprogramm für konstante Töne

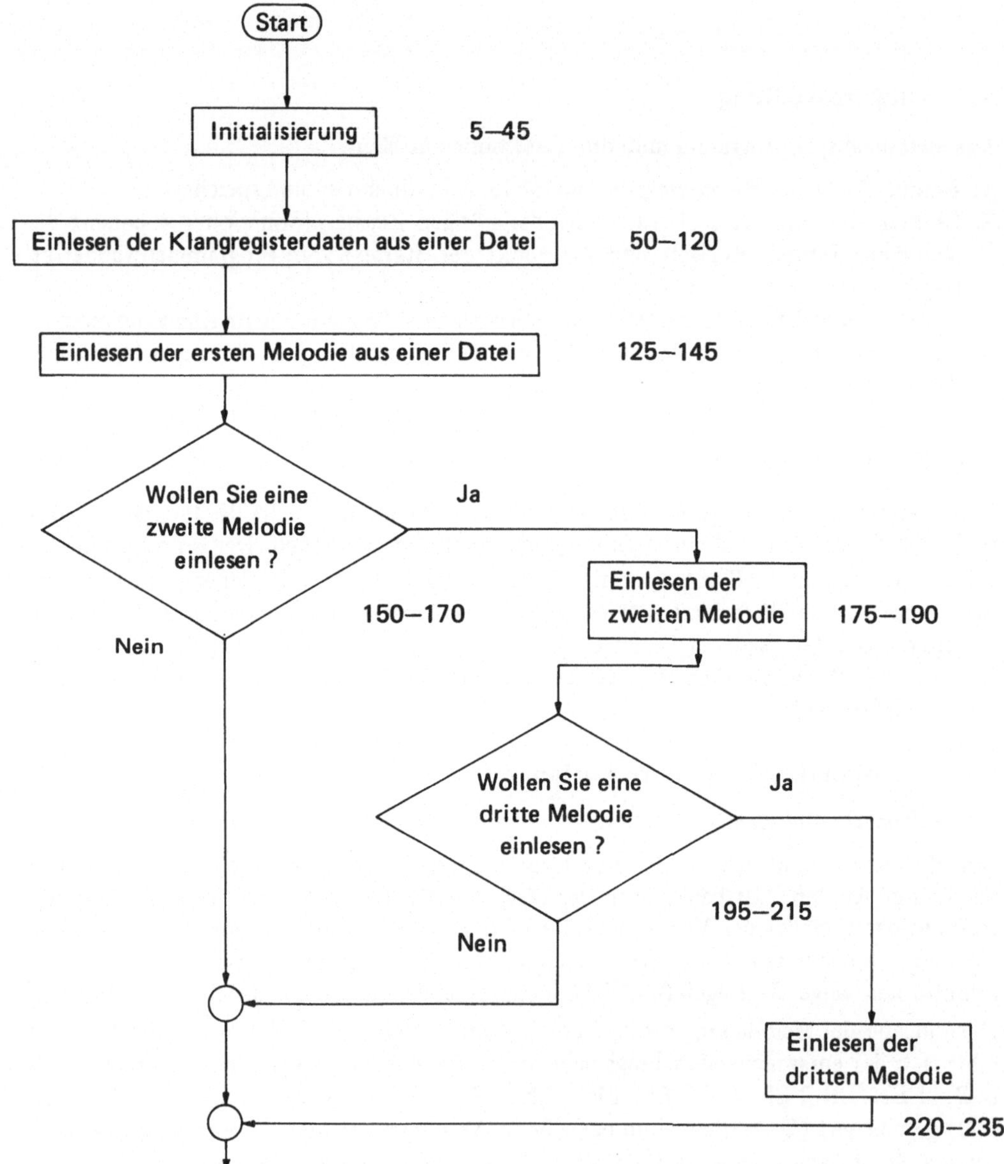

Fortsetzung Flußdiagramm 4.1

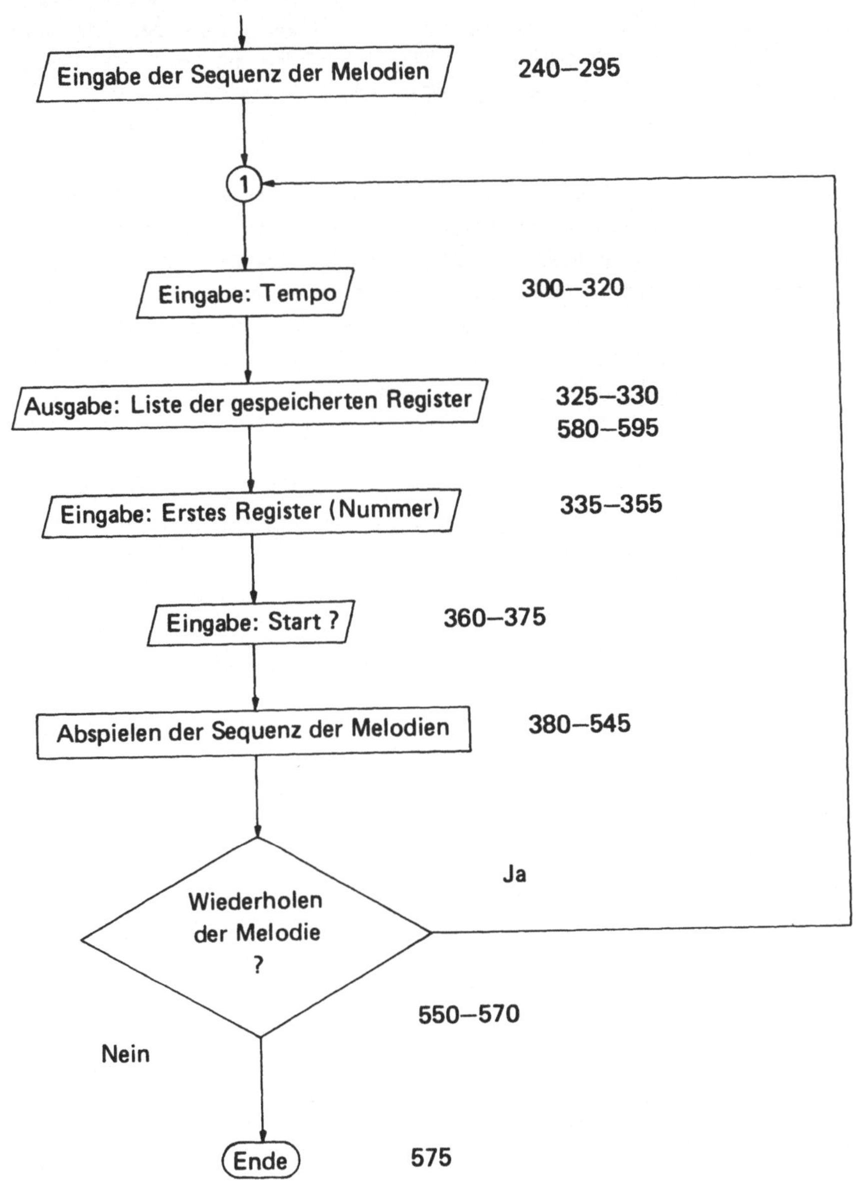

b) Tempo

Durch die Eingabe eines Tempomaßes (1 bis 16) kann man die Geschwindigkeit des Musikstückes festlegen. Der eingegebene Wert entspricht ungefähr der Anzahl der Anschläge einer Viertelnote pro Sekunde. Mit Hilfe dieser Eingabe werden die Tondauer und die Dauer der Pausen zwischen den Tönen berechnet (Zeilen 435–445).

c) Register

Noch vor dem Start der Melodie muß das erste Register eingegeben werden. Beim vorliegenden Programm werden die Namen der Register und die Registernummern auf dem Bildschirm aufgelistet. Durch die Eingabe der entsprechenden Registernummer kann das gewünschte Register gewählt werden. Während des Abspielens der Melodie kann das Register gewechselt werden, wenn man mindestens eine Notenlänge lang die entsprechende Registernummer drückt. Diese Nummer wird über eine CALL-KEY-Routine in der Klangschleife aufgenommen (Zeile 485; siehe auch Struktogramm).

d) Start

Der Start erfolgt nach der Eingabe von s und ENTER (Zeile 360). Durch diese definierte Festlegung des Startzeitpunktes kann man den Computer mit anderen Instrumenten oder einem Tonband synchronisieren.

4.4 Abspielen der Melodie

Der Aufbau und die Funktion des Programmabschnittes zum Abspielen der Melodien können am besten anhand des zugehörigen Struktogramms verstanden werden. Die detaillierten Informationen zur praktischen Realisierung entnehme man der Programmauflistung in Abschnitt 4.5 (Zeilen 380–545). Die grundsätzliche Funktion eines Melodieabspielprogramms wurde schon beim Melodieeingabeprogramm (das ja auch einen derartigen Programmabschnitt enthält) besprochen. Das Besondere an der hier verwendeten Klangschleife ist, daß sie zum einen zwei CALL-SOUND-Statements enthält (eines für den Ton und eines für eine Pause während der Differenzzeit zwischen Tonlänge und Notenlänge), und daß sie zum andern auch über ein CALL-KEY-Statement führt, das beim Drücken von einer der Zifferntasten die Registernummer zu ändern erlaubt, so daß man während des Abspielens der Melodie den Klang jederzeit ändern kann.

Bedeutung der Variablen

E	Sequenznummer
Q–1	Zahl der eingegebenen Sequenzen
S(E)	Melodienummer der E-ten Sequenz
UG	Untere Grenze der Tonzählernummer (Beginn der Melodie)
OG	Obere Grenze der Tonzählernummer (Ende der Melodie)
Z	Tonzählernummer
D	Tondauer
T	Dauer der Pause zwischen zwei Tönen
M	maximale Registernummer
G	Registernummer
RK(G,X)	X-ter Parameter des G-ten Registers

Struktogramm: Abspielen der Sequenz der Melodien (In Klammern die Zeilen-Nr.)

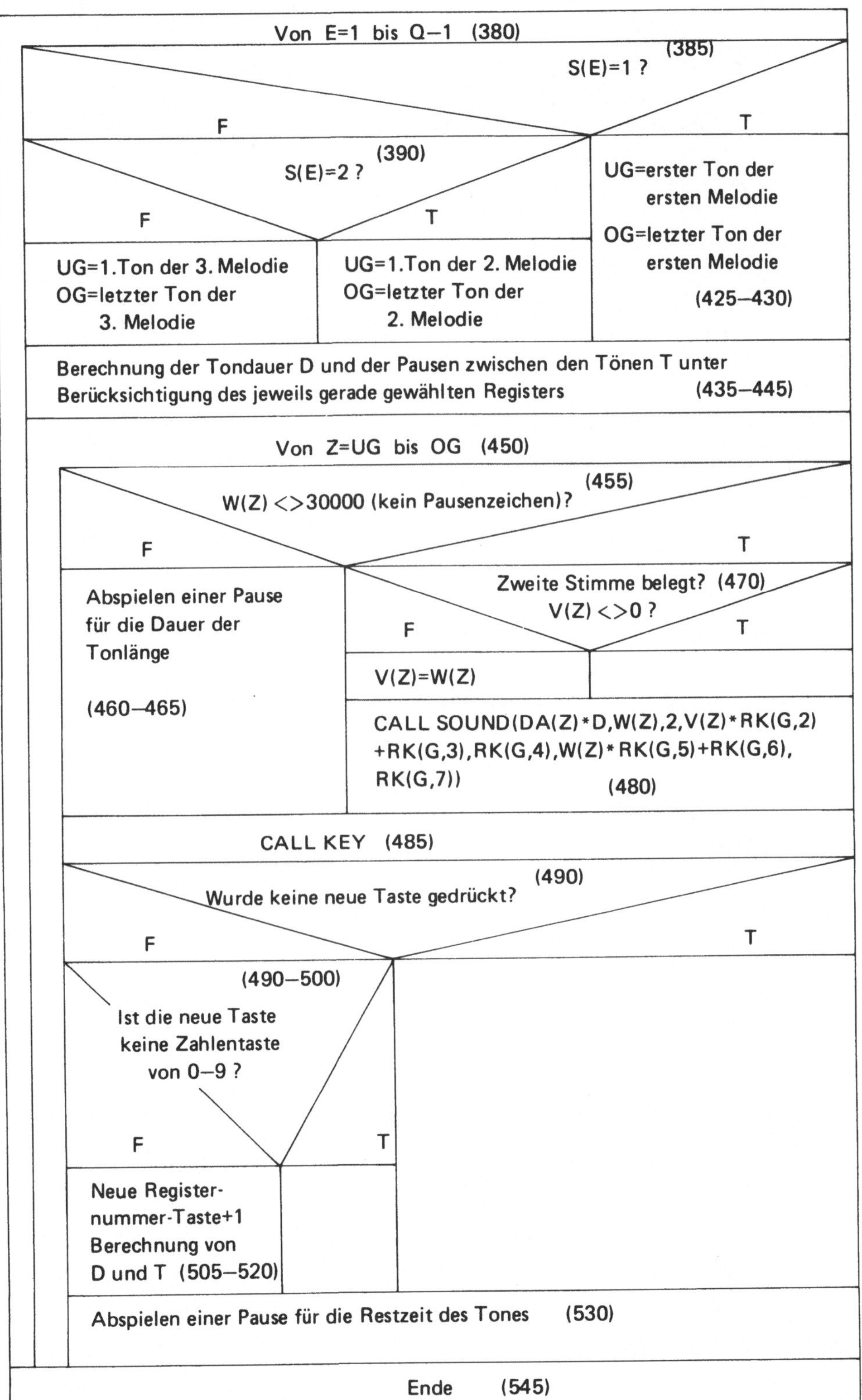

U	Statusvariable
K	Rückmeldevariable
R$(B)	Name des B-ten Registers
GR	Tonobergrenze der ersten Melodie
GZ	Tonobergrenze der zweiten Melodie
GD	Tonobergrenze der dritten Melodie
TE	Tempofaktor
DR	Dateinummer (Register)
DN	Dateinummer (Melodie)
W(Z)	Grundfrequenz
V(Z)	Frequenz der zweiten Stimme
DA(Z)	Notenlänge

4.5 Programmauflistung

```
  5  I$= "Input error ! J oder N "
 10  DIM S(24)
 15  DIM R$(10)
 20  DIM RK(10,7)
 25  DIM W(384)
 30  DIM V(384)
 35  DIM DA(384)
 40  CALL CLEAR
 45  PRINT "Melodieabspielprogramm fuer konstante Toene":::::
 50  PRINT "Lesen Sie die Klangregister ein":::
 55  INPUT "Dateinummer = ?":DR
 60  OPEN#DR: "CS1",INTERNAL,INPUT,FIXED 192
 65  FOR B=1 TO 10
 70  INPUT#DR:R$(B),
 75  FOR PA=1 TO 6
 80  INPUT#DR:RK(B,PA)
 85  NEXT PA
 90  INPUT#DR:RK(B,7)
 95  NEXT B
100  CLOSE#DR
105  FOR B=1 TO 10
110  IF RK(B,1)=0 THEN 120
115  NEXT B
120  M=B-1
125  PRINT "Lesen Sie die erste Melodie ein":::
130  UG=1
135  OG=125
140  GOSUB 600
145  GR=Z-1
150  INPUT "Wollen Sie eine zweite Melodie einlesen?":ZW$
155  IF ZW$="J" THEN 175
```

```
160  IF ZW$="N" THEN 240
165  PRINT I$ :::
170  GO TO 150
175  UG=GR+1
180  OG=GR+126
185  GOSUB 600
190  GZ=Z-1
195  INPUT "Wollen Sie eine dritte Melodie eingeben?":MD$
200  IF MD$="J" THEN 220
205  IF MD$="N" THEN 240
210  PRINT I$ :::
215  GO TO 195
220  UG=GZ+1
225  OG=GZ+126
230  GOSUB 600
235  GD=Z-1
240  PRINT "Geben Sie die Sequenz der Melodien ein
              (1,2,1,3 etc. und 0 fuer das Ende)":::
245  Q=0
250  Q=Q+1
255  IF Q>24 THEN 295
260  INPUT S(Q)
265  IF S(Q)=1 THEN 250
270  IF S(Q)=2 THEN 250
275  IF S(Q)=3 THEN 250
280  IF S(Q)=0 THEN 300
285  PRINT "Input error ! 1,2,3 oder 0":::
290  GO TO 260
295  PRINT "Sequenzspeicher voll":::::
300  INPUT "Tempo=":TE
305  IF TE<1 THEN 315
310  IF TE<16 THEN 325
315  PRINT "Input error ! Wert zwischen 1 und 16 eingeben!":::
320  GO TO 300
325  PRINT "Es sind folgende Register im Speicher:"
330  GOSUB 580
335  INPUT "Erstes Register eingeben ! ":G
340  IF G<1 THEN 350
345  IF G<M THEN 360
350  PRINT "Input error ! Werte zwischen 1 und ";M;" eingeben":::
355  GO TO 335
360  INPUT "Start ?":S$
365  IF S$="s" THEN 380
370  PRINT "s druecken !":::
375  GO TO 360
```

```
380   FOR E=1 TO Q-1
385   IF S(E)=1 THEN 425
390   IF S(E)=2 THEN 410
395   UG=GZ+1
400   OG=GD
405   GO TO 435
410   UG=GR+1
415   OG=GZ
420   GO TO 435
425   UG=1
430   OG=GR
435   D=RK(G,1)*200/TE
440   T=(1.1-RK(G,1))*200/TE-30
445   T=(ABS(T)+T)/2+1
450   FOR Z=UG TO OG
455   IF W(Z)<>30000 THEN 470
460   CALL SOUND(DA(Z)*D,W(Z),30)
465   GO TO 485
470   IF V(Z)<>0 THEN 480
475   V(Z)=W(Z)
480   CALL SOUND(DA(Z)*D,W(Z),2,V(Z)*RK(G,2)+RK(G,3),RK(G,4),
                W(Z)*RK(G,5)+RK(G,6),RK(G,7))
485   CALL KEY(0,K,U)
490   IF U<1 THEN 525
495   IF K<48 THEN 525
500   IF K>47+M THEN 525
505   G=K-47
510   D=RK(G,1)*200/TE
515   T=(1.1-RK(G,1))*200/TE-30
520   T=(ABS(T)+T)/2+1
525   IF RK(G,1)=1 THEN 535
530   CALL SOUND(DA(Z)*T,30000,30)
535   NEXT Z
540   NEXT E
545   PRINT "Ende":::::
550   INPUT "Wiederholen der Melodie ?":MW$
555   IF MW$="J" THEN 300
560   IF MW$="N" THEN 575
565   PRINT I$ :::
570   GO TO 550
575   END
580   FOR B=1 TO M
585   PRINT R$(B),B-1
590   NEXT B
595   RETURN
```

```
600   INPUT "Dateinummer =?":DN
605   OPEN#DN:"CS1",INTERNAL,INPUT,FIXED 128
610   FOR Z=UG TO OG STEP 4
615   INPUT#DN:W(Z),V(Z),DA(Z),W(Z+1),V(Z+1),DA(Z+1),
              W(Z+2),V(Z+2),DA(Z+2),W(Z+3),V(Z+3,DA(Z+3)
620   NEXT Z
625   CLOSE #DN
630   FOR Z=1 TO 128
635   IF DA(Z)=0 THEN 645
640   NEXT Z
645   RETURN
```

5 Melodieabspielprogramm für variable Töne

Grundsätzlich muß das Melodieabspielprogramm für variable Töne die gleichen Aufgaben erfüllen, wie das für die konstanten Töne. Die Daten für die Register und Melodien müssen aufgenommen, die Sequenz der Melodie, das Tempo und der Startzeitpunkt festgelegt werden.

Es tritt jedoch noch ein zusätzliches Problem auf. Während zum Abspielen eines konstanten Tones nur zwei CALL-SOUND-Anweisungen (eine für den Ton und eine für die Pause zwischen zwei Tönen) aufgerufen werden mußten, sollten beim Abspielen eines variablen Tones möglichst viele CALL-SOUND-Statements der Klangschleife aufgerufen werden, damit der Klang möglichst oft und rasch angepaßt werden kann. Daher sollte man alle Berechnungen innerhalb einer CALL-SOUND-Anweisung vermeiden, um die Durchführung nicht in die Länge zu ziehen. Die Ausführung einer CALL-SOUND-Anweisung mit drei Tönen ohne Berechnungen dauert ca. eine achtel Sekunde. Dies ist gerade noch vertretbar. (Die Zeit, die zur Ausführung der Schleifenanweisung nötig ist, ist mit ca. 3 ms vernachlässigbar.)

Aus diesen Gründen ist es notwendig, alle Werte für die Tonlänge (Zeilen 435–490) und Frequenzen (Zeilen 495–525) vor dem Abspielen der Melodie auszurechnen, so daß anschließend nur die Werte der Variablen in die CALL-SOUND-Anweisung eingesetzt werden müssen.

Ein zweites Problem, das sich hier ebenfalls stellt, ist, daß die Tondauer primär ein ganzzahliges Vielfaches der Zeit für einen Schleifendurchlauf ist. Man kann daher zunächst nicht jedes gewünschte Tempo realisieren. Wenn man jedoch der Klangschleife (siehe Struktogramm) eine Schleife ohne Inhalt nachschaltet, deren Durchlaufgeschwindigkeit 3 ms ist, kann man dadurch den Beginn des nächsten Tons um ein ganzzahliges Vielfaches von 3 ms hinauszögern und somit die Geschwindigkeit sehr viel feiner regulieren. Da die CALL-SOUND-Statements eine negative Tondauer (−200) enthalten, klingt der jeweils zuletzt eingestellte Klang während dieser „Restzeit" bis zum Eintreffen des nächsten Tons noch nach. Auch die Zahl der Restzeitschleifendurchläufe wird vor dem Abspielen der Melodie (Zeilen 435–465) als Funktion der Zahl der Klangschleifendurchläufe (DA(Z)) und des eingegebenen Tempos der I-ten Melodie berechnet.

5.1 Besonderheiten des Programms

Um Speicherplatz zu sparen, wird der Inhalt von V(Z) und DA(Z) während des Programms geändert. V(Z) erhält, sofern keine zweistimmige Melodie eingegeben wurde, die Werte der 2. Tonfrequenz. In DA(Z) werden, nach der Eingabe der Tempi für die verschiedenen Melodien, die berechneten Werte für die Anzahl der Klangschleifendurchläufe gespeichert.

Es können nicht nur drei, sondern maximal 10 Melodien gespeichert werden, sofern ein Gesamtspeicherplatz von 240 Tönen nicht überschritten wird und vor der Eingabe der letzten Melodie noch 128 Speicherplätze frei sind.

Es kann für jede Melodie ein eigenes Tempo gewählt werden. Die maximale Anzahl der Sequenzen beträgt 10 und die maximale Zahl der Register beschränkt sich auf zwei.

Das **Flußdiagramm 5.1** und das Struktogramm der Sequenz- und Klangschleife beschreiben das in Abschnitt 5.2 aufgelistete Programm.

Flußdiagramm 5.1

Melodieabspielprogramm für variable Töne

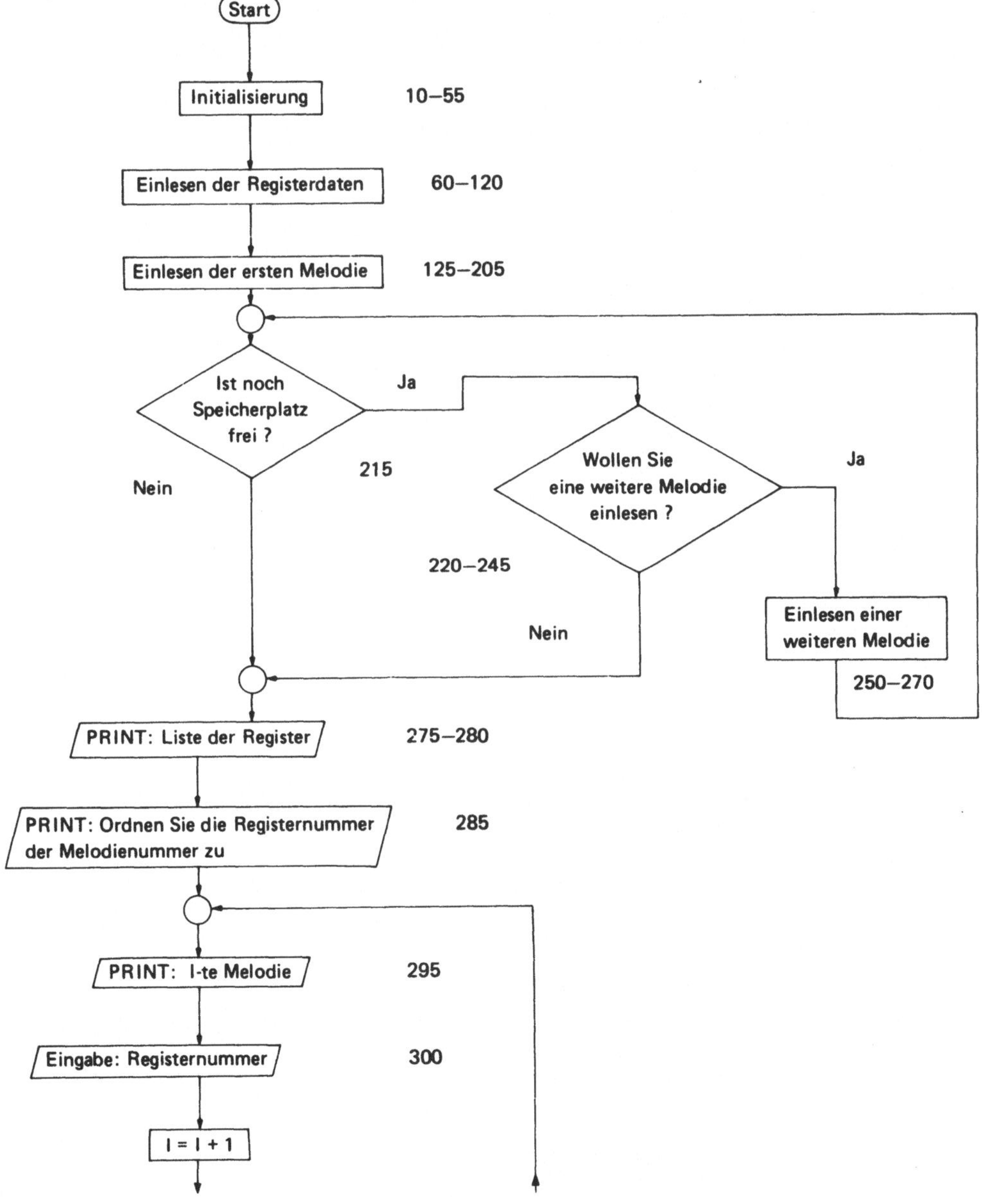

Fortsetzung Flußdiagramm 5.1

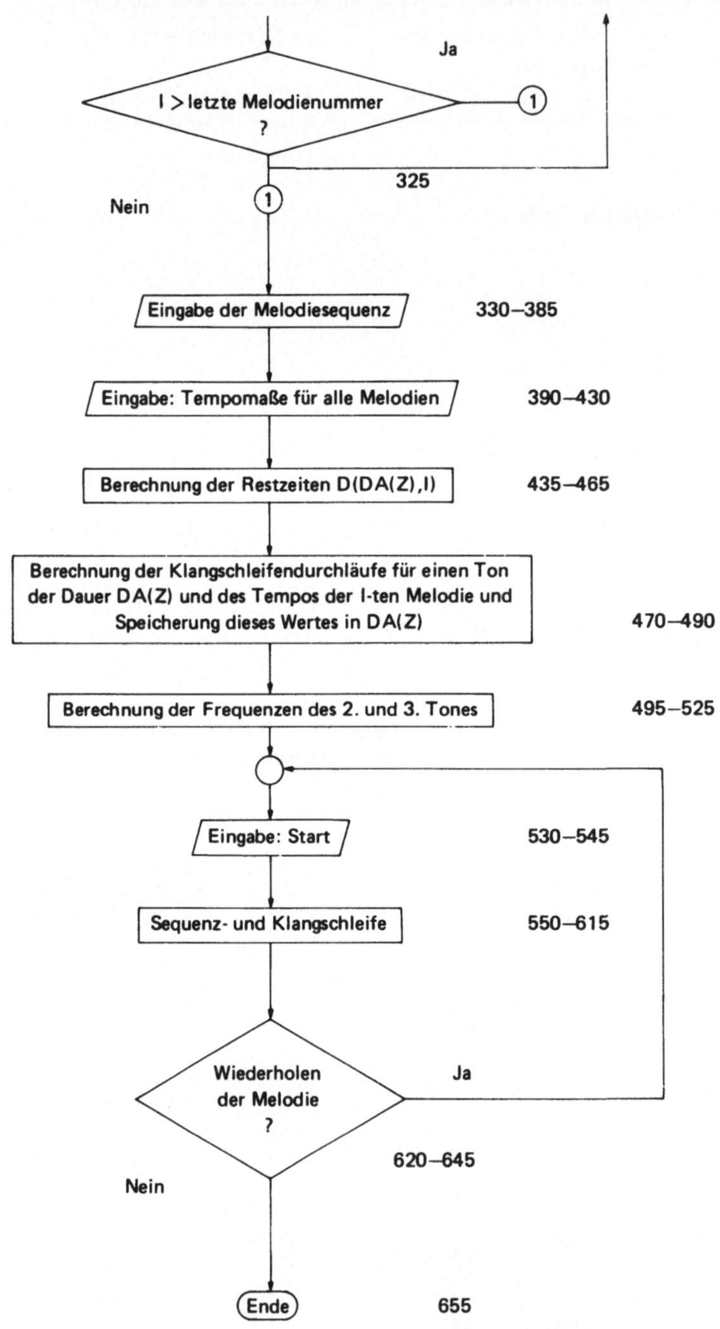

Struktogramm der Sequenz- und Klangschleife

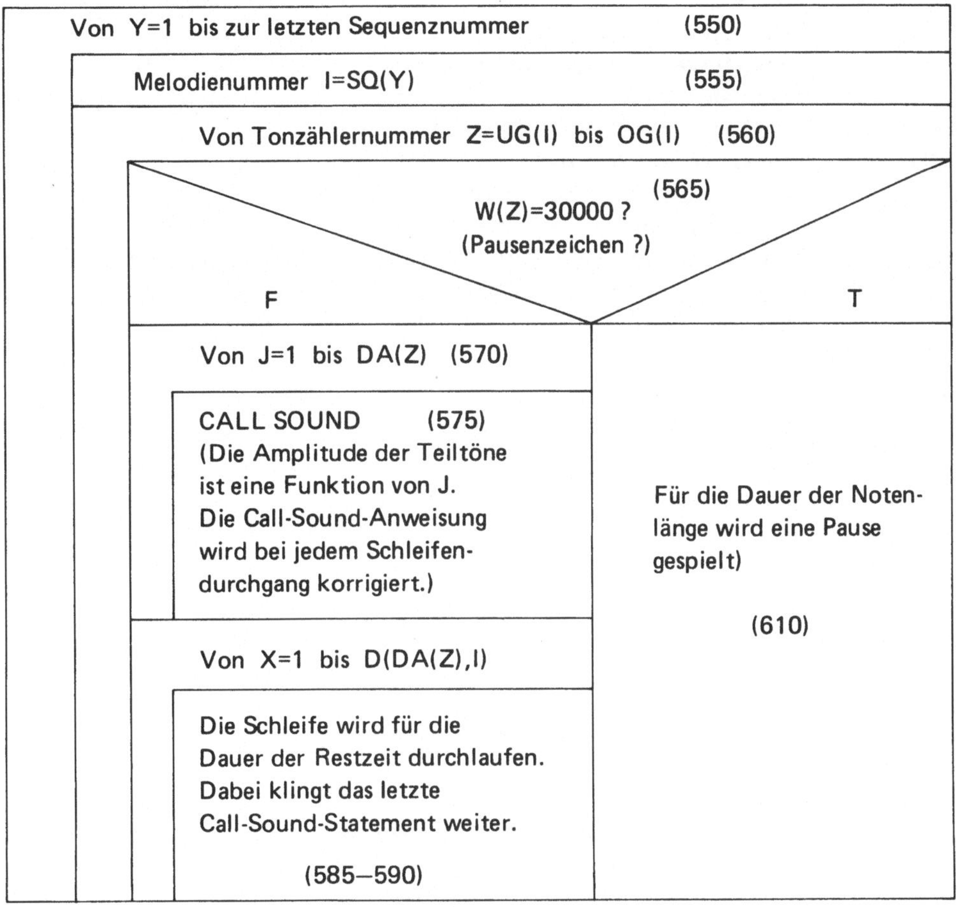

<table>
<tr><td colspan="3">Von Y=1 bis zur letzten Sequenznummer   (550)</td></tr>
<tr><td colspan="3">Melodienummer I=SQ(Y)   (555)</td></tr>
<tr><td colspan="3">Von Tonzählernummer Z=UG(I) bis OG(I)   (560)</td></tr>
<tr><td colspan="3" align="center">W(Z)=30000 ?   (565)
(Pausenzeichen ?)
F   T</td></tr>
<tr>
<td>Von J=1 bis DA(Z) (570)

CALL SOUND   (575)
(Die Amplitude der Teiltöne ist eine Funktion von J. Die Call-Sound-Anweisung wird bei jedem Schleifendurchgang korrigiert.)

Von X=1 bis D(DA(Z),I)

Die Schleife wird für die Dauer der Restzeit durchlaufen. Dabei klingt das letzte Call-Sound-Statement weiter.

(585—590)</td>
<td>Für die Dauer der Notenlänge wird eine Pause gespielt)

(610)</td>
</tr>
</table>

Bedeutung der Variablen

DA(Z)	Tondauer
W(Z)	Grundfrequenz
V(Z)	Frequenz der zweiten Stimme
U(Z)	3. Frequenz
P(B,Y,J)	Hüllkurvenparameter des Registers B, für den Y-ten Ton, in der J-ten achtel Sekunde
B	Registernummer
R$(B)	Registernamen
F(B,1)	relative Frequenz des 2. Tones
F(B,2)	Schwebungsinkrement des 2. Tones
F(B,3)	relative Frequenz des 3. Tones
F(B,4)	Schwebungsinkrement des 3. Tones

I	Melodienummer
UG(I)	Untere Grenze der Tonzählernummer Z der I-ten Melodie
OG(I)	Obere Grenze der Tonzählernummer Z der I-ten Melodie
R(I)	Registernummer für die I-te Melodie
Y	Sequenznummer
SQ(Y)	Melodienummer für die Y-te Sequenz
TE(I)	Tempo der I-ten Melodie
A	Zahl der Klangschleifendurchläufe für eine Note der Parameterlänge $2 \wedge L$ (= 2,4,8 oder 16)
D(DA(Z),I)	Zahl der Durchläufe der Restzeitschleife eines Tones der I-ten Melodie, der Länge, der DA(Z) Klangschleifendurchläufe entsprechen
J	Hüllkurvenindex (J-te achtel Sekunde)

5.2 Programmauflistung

```
 10   DIM DA(240)
 15   DIM W(240)
 20   DIM V(240)
 25   DIM U(240)
 30   DIM P(2,3,10)
 35   DIM D(10,4)
 40   J$="J oder N"
 45   I$="Input error ! "
 50   CALL CLEAR
 55   PRINT "Melodieabspielprogramm fuer variable Toene":::::
 60   PRINT "Lesen Sie die Register ein":::::
 65   INPUT "Dateinummer =":DR
 70   OPEN #DR: "CS1",INTERNAL,INPUT,FIXED 192
 75   FOR B=1 TO 2
 80   INPUT DR:R$(B),F(B,1),F(B,2),F(B,3),F(B,4)
 85   FOR Y=1 TO 3
 90   FOR J=1 TO 9
 95   INPUT #DR:P(B,Y,J)
100   NEXT J
105   INPUT #DR:P(B,Y,10)
110   NEXT Y
115   NEXT B
120   CLOSE #DR
125   PRINT "Lesen Sie die erste Melodie ein":::::
130   I=1
135   UG(I)=1
140   OG(I)=125
145   GOSUB 160
150   OG(I)=Z-1
155   GO TO 210
160   INPUT "Dateinummer =":DN
```

```
165   OPEN#DN:"CS1",INTERNAL,INPUT,FIXED 128
170   FOR Z=UG(I) TO UG(I) STEP 4
175   INPUT #DN:W(Z),V(Z),DA(Z),W(Z+1),V(Z+1),DA(Z+1),W(Z+2),V(Z+2),DA(Z+2),
                  W(Z+3),V(Z+3),DA(Z+3)
180   NEXT Z
185   CLOSE #DN
190   FOR Z=UG(I) TO OG(I)+3
195   IF DA(Z)=0 THEN 205
200   NEXT Z
205   RETURN
210   I=I+1
215   IF 240-OG(I-1)<128 THEN 275
220   PRINT "Wollen Sie eine "I;"-te Melodie einlesen ?":::
225   INPUT Z$(I)
230   IF Z$(I)="J" THEN 250
235   IF Z$(I)=NN' THEN 275
240   PRINT I$&J$:::
245   GO TO 225
250   UG(I)=OG(I-1)+1
255   OG(I)=UG(I)+124
260   GOSUB 160
265   OG(I)=Z-1
270   GO TO 210
275   PRINT "Es sind folgende Register gespeichert :":::::
280   PRINT R$(1),1:::R$(2),2:::::
285   PRINT "Ordnen Sie die Registernummer der Melodienummer zu":::
290   FOR I=1 TO I-1
295   PRINT I;"-te Melodie:":
300   INPUT "Registernummer =":R(I)
305   IF R(I)=1 THEN 325
310   IF R(I)=2 THEN 325
315   PRINT "I$:"1 oder 2":::
320   GO TO 300
325   NEXT I
330   PRINT "Geben Sie die Melodiesequenz ein (1,1,2,3,1 etc. und 0 fuer Ende)":::
335   Y=0
340   Y=Y+1
345   IF Y>10 THEN 385
350   INPUT SQ(Y)
355   IF SQ(Y)=0 THEN 390
360   FOR H=1 TO I-1
365   IF SQ(Y)=H THEN 340
370   NEXT H
375   PRINT I$;"Wert von 0 bis ";I-1;" eingeben ":::::
380   GO TO 350
```

```
385   PRINT "Sequenzspeicher voll":::::
390   PRINT "Tempoeingabe :"::
395   FOR I=1 TO I-1
400   PRINT I; "-te Melodie :":
405   INPUT TE(I)
410   IF TE(I) < 1 THEN 420
415   IF TE(I) < =8 THEN 430
420   PRINT I$:"Wert zwischen 1 und 8 eingeben !":::
425   GO TO 405
430   NEXT I
435   FOR I=1 TO I-1
440   FOR L=1 TO 4
445   DU=250/TE(I)*2∧L
450   A=INT(DU/125)
455   D(A,I)=(DU-10-A*125)/3
460   NEXT L
465   NEXT I
470   FOR I=1 TO I-1
475   FOR Z=UG(I) TO OG(I)
480   DA(Z)=INT(DA(Z)*250/TE(I)/125)
485   NEXT Z
490   NEXT I
495   FOR I=1 TO I-1
500   FOR Z= UG(I) TO OG(I)
505   IF V(Z)<>0 THEN 515
510   V(Z)=W(Z)*F(R(I),1)+F(R(I),2)
515   U(Z)=W(Z)*F(R(I),3)+F(R(I),4)
520   NEXT Z
525   NEXT I
530   INPUT "Start ?":S$
535   IF S$="s" THEN 550
540   PRINT "s druecken !"::
545   GO TO 530
550   FOR Y=1 TO Y-1
555   I=SQ(Y)
560   FOR Z=UG(I) TO OG(I)
565   IF W(Z)=30000 THEN 610
570   FOR J=1 TO DA(Z)
575   CALL SOUND(-200,W(Z),P(R(I),1,J),V(Z),P(R(I),2,J),U(Z),P(R(I),3,J))
580   NEXT J
585   FOR X=1 TO D(DA(Z),I)
590   NEXT X
595   NEXT Z
600   NEXT Y
605   GO TO 620
```

```
610   CALL SOUND(DA(Z)+D(DA(Z),I)*3,W(Z),30)
615   GO TO 595
620   PRINT "Wiederholen der Melodie ?":
625   INPUT WM$
630   IF WM$="J" THEN 530
635   IF WM$="N" THEN 650
640   PRINT I$&J$:::
645   GO TO 625
650   PRINT "Ende":::::
655   END
```

6 Verbesserung des Klangs durch Effektgeräte

Mit den bisher beschriebenen Programmen ist der Computer schon ein seriöses Musikinstrument, das sich in der Klangqualität mit den meisten herkömmlichen Instrumenten messen kann und bezüglich der Variationsmöglichkeiten des Klangs beinahe alle Instrumente (wenn man von der Orgel und dem Synthesizer absieht) übertrifft. Trotzdem kann man dem Computer noch keine professionellen Synthesizerklänge entlocken. Dies liegt jedoch nicht an der primären Struktur der vom Computer erzeugten Klänge; im Gegenteil, die drei vom Computergenerator erzeugten Wellen lassen sich leicht und genau mit jeder beliebigen Relativfrequenz aufeinander abstimmen, was bei den gewöhnlichen Synthesizern verwendeten Sägezahn- und Rechteckgeneratoren nur mit Mühe gelingt. Was jedoch dem Computer in der bisher vorliegenden Form fehlt, ist die Bearbeitung des erzeugten Klangs durch Effektgeräte. Erst durch Nachhall, Phasereffekte, Amplitudenmodulation, VCF und Filtereffekte erhält der Sound seinen letzten Schliff.

Man kann nun jedoch den vom Computer erzeugten Klang auch der Ohrhörerbuchse des Fernsehgeräts entnehmen, durch die genannten Effektgeräte leiten und über einen Lautsprecher abstrahlen. Das Resultat: ein Klang, der sich mit jedem durchschnittlichen Kleinsynthesizersound messen kann (**Bild 10**).

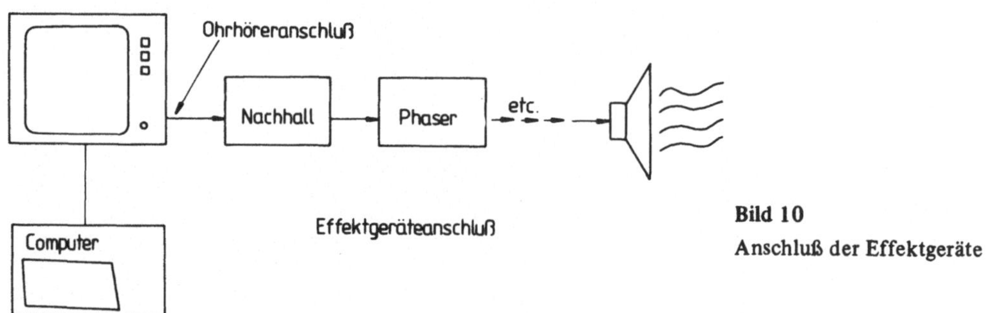

Bild 10
Anschluß der Effektgeräte

6.1 Effektgerätemodule

Da sich die Mehrheit der Leser wohl nicht die vielen Effektgeräte beschaffen wird, sollen sie für den interessierten kleineren Leserkreis nur kurz in ihrer Funktion beschrieben werden. Nähere Details zu diesem Thema kann man Büchern über Musikelektronik entnehmen.

Höhen-/Tiefenregler

Das einfachste „Effektgerät" besitzen Sie schon in Ihrem Fernsehgerät: den Höhen-/Tiefenregler. Mit seiner Hilfe kann man schon recht beachtliche Änderungen des Klangcharakters erreichen. Besonders interessant ist der dynamische Einsatz dieses Filters.

Wenn man, während die Melodie abgespielt wird, den Drehknopf dieses Filters von Tief zu Hoch dreht (im Verlauf von ca. 0,5–1 Sekunde), so entsteht ein sogenannter Wah-Effekt, d.h. ein Klangeindruck, der an die langsam gesprochene Silbe „Wah" erinnert. Die umgekehrte Drehrichtung führt zu einem Jau-Effekt. (Bei Synthesizern werden diese Effekte automatisch bei jedem neuen Toneinsatz erzeugt.) Dreht man das Potentiometer rasch hin und her, so entsteht ein Klangfarbenvibrato.

Equalizer

Der Equalizer ist ein wesentlich anspruchsvolleres Filtersystem. Bei diesem Gerät wird der gesamte Hörbereich in mehrere (4–8) Frequenzbänder aufgeteilt. Je nach den eingestellten Potentiometerstellungen werden die Tonsignale in den einzelnen Frequenzbändern in ihrer Intensität angehoben oder gedämpft. Auf diese Weise läßt sich die Klangfarbe sehr fein nuanciert abstimmen.

Nachhall

Es gibt seit einigen Jahren die Möglichkeit, den Nachhall künstlich mit relativ einfachen elektronischen Mitteln zu erzeugen. Durch das Hinzufügen eines Nachhalleffekts wird dem synthetischen Klang die zu künstlich klingende Reinheit genommen. Der Sound wird verwaschen und füllig. Er baut sich erst nach einer kleinen zeitlichen Verzögerung auf und schwillt nach dem Ende des Eingangstones erst langsam wieder ab. Dies alles führt dazu, daß ein mit Nachhalleffekt behandelter Ton einen plastischen, raumerfüllten Klang erhält.

Phaser

Phaser dienen zur Erzeugung von Dopplereffekten und Klangfarbenvariationen. Dazu wird das Eingangstonsignal in seiner Phasenlage verschoben und mit dem nicht-phasenverschobenen Eingangstonsignal überlagert. Es kommt dabei zu Interferenzeffekten, die eine unterschiedlich starke Auslöschung der einzelnen Obertöne bewirken. Die Folge ist eine Änderung des Oberwellenspektrums und somit auch eine Änderung der Klangfarbe. Da sich die Phasenverschiebung elektronisch steuern läßt, kann man auf diesem Weg sehr komplexe Klangfarbenspiele erzeugen.

Amplitudenmodulation

Modulatoren sind Geräte, mit deren Hilfe man die Lautstärke elektronisch steuern kann. Verwendet man als Steuersignal eine langsame (3–8 Hz) Schwingung, so entsteht ein Amplitudenvibrato (Tremolo). Setzt man hingegen ein aperiodisches Steuersignal mit dem Verlauf einer Hüllkurve ein, so kann man dadurch einem konstanten Eingangston eine Hüllkurve aufprägen.

VCF

VCF ist die Abkürzung für *Voltage Controlled Filter*. Das heißt, es handelt sich um Filter, deren Frequenzcharakteristika durch Steuersignale variiert werden können. Auch durch diese Geräte kann man die Klangfarbe zeitlich verändern.

Literatur

Aigner, Markus: Format-Musik-Syntheziser Erweiterungen, Elektor-Verlag
Busch, Rudolf: BASIC für Einsteiger, Franzis-Verlag
Capman, Cyrill: Format-Musik-Syntheziser, Elektor-Verlag
Diefenbach, Werner: Tonband-Hobby, Pflaum-Verlag
Gehrer, Eugen: Hobby-Musikelektronik, Pflaum-Verlag
Schneider, Wolfgang: Einführung in BASIC, Verlag Vieweg
Schneider, Wolfgang: BASIC für Fortgeschrittene, Verlag Vieweg
Wuschek, Alois: Kleines ABC der Elektronik-Orgel, Franzis-Verlag

Sachwortverzeichnis

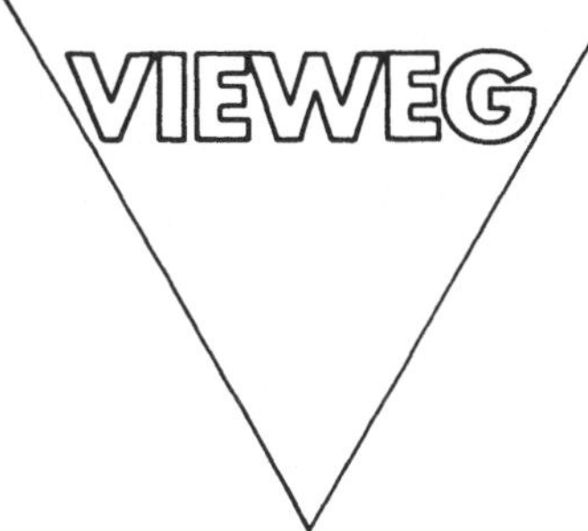

Howard Franklin, Joanne Koltnow und LeRoy Finkel

Spielprogramme für den APPLE IIe

Spiele sowie Anleitungen, Techniken und Unterprogramme für die Eigenentwicklung von Spielen. 1984. VIII, 128 S. 16,2 X 22,9 cm. Br.

Inhalt: Melodien und Klangeffekte — Die niederauflösende Grafik — Bilder in LORES-Grafik — Hochauflösende Grafik — Programme zur Dateneingabe — Wortspiele — Weitere Spiele — RE-NUMBER/MERGE-Hilfsprogramme — Randbemerkungen zum Programmieren der Spiele — Hinweise zu den Programmlistings — Das Entwickeln von Programmen.

Das Buch lehrt das Programmieren von Spielen, zeigt Aufbau, stufenweise Entwicklung und Ausbau von Computerspielen und stellt notwendige Unterprogramme und Techniken zur vollständigen Ausnutzung der Grafikmöglichkeiten vor. Man lernt seinen Bildschirm mit selbst entworfenen Bildern auszustatten und diese mit Musik und Klangeffekten zu kombinieren. Schließlich wird gezeigt, wie der Rechner zum Lehren und Lernen benutzt wird: in spielerischer Form lernen Kinder den Aufbau von Sprache und Zahlen, konstruieren Wortspiele und ganze Schichten.

Disketten-Set Spielprogramme für den APPLE IIe

Zwei 5 1/4″ Disketten.

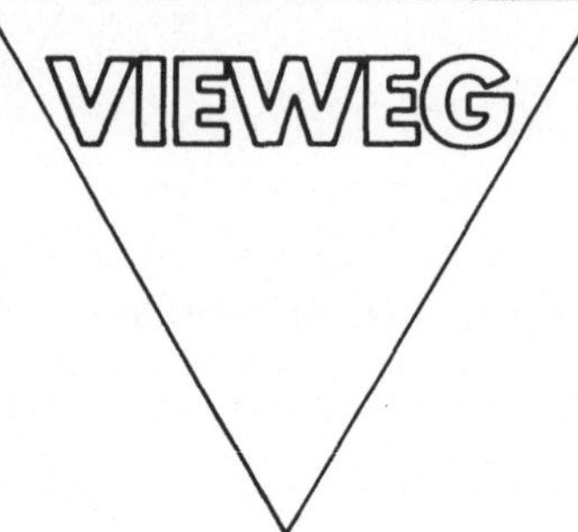

Mikrocomputer-Literatur

Johann Weilharter

Spaß mit Algorithmen

Hrsg. von Harald Schumny. 1984. Ca. 150 S. mit 42 Progr. 16,2 X 22,9 cm. Br.

Inhalt: Zahlentheorie — Aussagenlogik — Rekursions- und Iterationsverfahren — Spiele — Netzplantechnik.

Der Band enthält anschauliche Problemanalysen mit ausführlicher Dokumentation in unterhaltsamer Weise in der Programmiersprache BASIC.

Wolfgang Schneider

BASIC für Fortgeschrittene

Textverarbeitung, Arbeiten mit logischen Größen, Computersimulation, Arbeiten mit Zufallszahlen, Unterprogrammtechnik. 1982. IX, 189 S. mit zahlr. Beisp. und 10 vollst. Progr. 16,2 X 22,9 cm. Br.

Inhalt: BASIC-Sprachelemente — Textverarbeitung — Verarbeitung von logischen (Booleschen) Größen in BASIC — Arbeiten mit Zufallszahlen in BASIC — Unterprogrammtechnik in BASIC — Vollständig programmierte Beispiele — Lösungen der Übungsaufgaben.

Dieses Buch ist ein Aufbauband zu dem Grundlagenband „Einführung in BASIC". Er setzt Grundkenntnisse in der Programmiersprache BASIC voraus und hilft, diese in speziellen Bereichen zu erweitern.